\いちばんやさしく教える/
民泊の始め方

マスジーアイ代表取締役
坂本貴洋

はじめに

「だれでも民泊ビジネスはできますよ」と言われたら、
「不動産を所有していないから、まずは不動産投資からスタートしなくちゃいけないでしょ」
「民泊って、空き家を活用したい人や、自宅に空き部屋のある人がやるものでしょ」
「民泊に泊まったことはあるけれど、自分が民泊を提供する側になるとは考えたことがないし、部屋の管理が面倒くさそう」
「民泊を始めたとしても、予約が入らなくちゃ損しちゃう」

こんなふうに感じるのではないでしょうか。

実は、**不動産を持っていなくても、普段会社員として働いていても、民泊で収益を得ることは可能**です。私も、会社員時代に副業で民泊事業を始めました。

スタートは大阪の物件でした。当時はまだ、民泊を運営している競争相手も少なかったので、すぐに稼げるつもりでいました。ところが、思ったほどうまくいきませんでした。収支はトントンか少しプラスになる程度。「このままでは初期投資を回収するのに10年くらいかかる」と判断し、その物件は手放して、大阪の心斎橋に新たな物件を借りました。

新たな物件は、家賃20万円、2ＬＤＫの賃貸マンションです。「不特定多数の人が部屋に立ち入るのは不安」と言う所有者に対し、家賃を高めに支払うことで民泊として利用する許可を得ました。家賃は割高になったにもかかわらず、毎月の収益は30〜40万円になり、**運営開始から半年で初期投資を回収することができました**。

今から考えると、1軒目の物件は駅からちょっと離れていて広さが足りず、その割には家賃が高かったことが収益の出ない原因でした。2軒目は、家賃は割高だったものの、心斎橋という立地の良さと2ＬＤＫという部屋の広さが、お客様にとって好条件となり、結果として収益につながりました。

当時は民泊の数自体が少なく、比較対象がなかったために、どういう物件なら収益が出るのか判断するのが難しかったのです。けれども、こうした民泊運営の経験を積むことで、収益の出る物件とそうでない物件の違いがわかるようになってきました。


その後、民泊を本業にすることを決意し独立・起業しました。途中、コロナ禍で打撃を受けながらも民泊業界に身を置いてきました。自社で賃貸物件を借り上げて運営するだけでなく、運営代行も事業として拡大し、これまでに運営してきた民泊物件の累計は１３００部屋を超えています。また、２０２１年からは民泊と関連性の高い不動産事業にも参入し、宿泊事業と不動産事業の両方の視点からビジネスを展開しています。

「民泊を運営し、なおかつ不動産も取り扱っている人」は意外と多くはありません。

民泊が儲かるかどうかは物件で決まります。「民泊を運営する側」「物件を提供する側」の両方に詳しい私が経験してきたことを交えて、民泊で手堅く稼ぐ方法を本書で余すところなくお伝えしていきます。

「不動産を所有することなく、賃貸物件で100万円台から民泊を始めて利回り100％超え、毎月10万円程度の収入を得ること」は難しいことではないとわかっていただけるはずです。

すでに民泊について勉強したことがあれば、「儲かるのはわかったし、やり方も理解している。でも、実際に民泊ができる物件がないからやりたくてもできない」と嘆いている方も多いのではないかと思います。

その点についてもご安心ください。民泊事業者と不動産事業者の両方の視点から、民泊を始めるための具体的な物件の見つけ方についてもご紹介させていただきます。

ではさっそく、私と一緒に民泊ビジネスの扉を開けましょう！

登場人物

たか社長

本書の著者。日本一民泊に詳しい不動産屋。会社員時代に副業として民泊運営を始めたのち、本格的に事業展開するため起業。不動産事業にも参入し、民泊と不動産の領域で事業を拡大。全国で民泊を運営するほか、運営代行や民泊物件のプロデュース、コンサルティング等の支援事業も行っている。民泊のノウハウや情報を発信するYouTubeチャンネル「たか社長の【民泊チャンネル】」を運営。趣味は筋トレ。プロボクサーのライセンスを持つ。留学やバックパッカーの経験もありTOEICは905点。

佐藤さん

旅行とDIYが趣味の40代会社員。将来に備えて収入を増やすため、副業でできる仕事を探している。「民泊はインバウンドで需要が高まっており、副業でも稼げるビジネス」と聞き、興味を持つ。民泊運営は旅行者との交流や部屋づくりなど、自分の趣味も活かせる仕事ができそうだと思う一方、不動産関連のビジネスには不安も感じている。本や動画で情報収集したものの、何から始めたらよいかがわからなかったため、YouTubeで知った「たか社長」に思い切って相談することにした。

第1章 副業するなら民泊一択のワケ

――新たな民泊バブル到来!

第2章 絶対に外さない物件の選び方
——民泊は物件で9割決まる

第3章 民泊物件の探し方・借り方

——良い物件は激戦必至

第4章 儲かるお部屋の作り方

——ゲストの心理を知れば楽勝

第5章 予約が埋まるサイトの作り方
――集客不要で手間要らず

第6章 ゲスト対応のやり方
——トラブルがあっても準備があれば安心

第7章

ギリギリまで長く稼ぎ続けるコツ
——民泊バブルの波に乗り続ける!

第1章

新たな民泊バブル到来!

副業するなら民泊一択のワケ

副業が当たり前の時代、会社の給料だけでは幸せになれない

たか社長、はじめまして。「副業で収入を増やせたらいいな」と思って仕事を探していたら、「民泊の運営は副業でもできて、しかもインバウンドの復活で稼げるビジネスだ」という話を聞きました。それで、民泊にすごく興味が湧いて、自分もやってみたいと思いました。ただ、何から始めていいのかわからないし、不動産関連のビジネスはリスクも大きそうで不安があるので相談にきました。よろしくお願いします！

佐藤さん、ありがとうございます。こちらこそ、よろしくお願いします。実は僕も最初は副業で民泊を始めたんですよ。

へぇ、そうなんですね。

僕は将来起業したいと思っていたので、**副業するにしても「土日や終業後にアルバイトをする」という働き方ではなく、「自分で価値を生んで収入を得る仕事」をしたい**と思っていました。「時給いくらの仕事に対して、自分の時間を売って稼ぐ働き方」だけしか知らないと、何かあったときの選択肢が限られるけれど、「自分の力で何とかできる」という経験があれば、選択肢が広がるからです。

うっ、会社員にはちょっと耳が痛い話です。でも確かに、会社員だからといってずっと安泰でいられるとは限らないし、定年後の働き方に悩んでいる人も周りにたくさんいます。

僕自身も民泊運営を始めるまでは、「お金を稼ぐ＝時間を売る」という感覚しかありませんでした。民泊は、物件を探したり内装を整えたりと、最初は時間もお金も使って一気にパワーを集中する期間は必要です。でも、そのあとは基本的に「予約の管理」⇒「チェックイン時の対応」⇒「チェックアウト後の清掃・備品管理」というサイクルを回すだけです。しかも、「予約の管理」や「チェックイン時の対応」は、ほぼ自動化できるので、少ない労力でお金が入ってきます。一

生時間を売り続ける働き方しか知らないより、「時給じゃない働き方」があることも知っているほうが、心に余裕ができると思います。

でも、少ない労力で収入を得る方法はほかにもありますよね。たとえば、大家さんになって家賃収入を得るとか、株式投資とか……。

不動産賃貸の場合は、自分が物件を所有していなければ、購入する必要があります。多額の初期投資が必要になりますよね？　でも、**民泊は物件を借りて運営することができるので、初期投資が少なくてすみます。**のちほど詳しく説明しますが、不動産投資と比べてリスクは低いんですよ。

物件を買わなくても始められるのですね！

そういうことです。それに、民泊運営は少ない労力で収入を得られるとは言いましたが、やることがまったくないわけではありません。
「どんな部屋やサービスを提供すればゲストに喜んでもらえるのか」を考えたり、予約の状況や競合の様子を見て宿泊単価を調整したり、清掃などの業務を代行し

てもらうなら業者を探して協力関係を築いたり、ゲストからクレームを受けたら対応して改善を進めたりと、関わる範囲が多岐にわたります。ビジネス全般に関わることで、「自分が会社で担当している仕事は、会社の事業のこの部分にあたるのだ」ということがわかってきたり、清掃代行などの業者やスタッフを探すのは「採用活動」と同じだということに気づいたりするんですよね。こういう経験を通して、**僕は「ビジネス力」が上がった**と感じていますよ。
会社での仕事にも役立ちそうですね。
会社員として培ってきたスキルや経験も活かせると思うし、逆に民泊運営で培ったスキルや経験を本業にも活かせると思いますよ。さらには、**世界各地のさまざまなゲストや民泊を運営している仲間と交流できるのも魅力ですね。**会社員生活だけでは知り合えなかった人と知り合うことで世界が広がり、自分にとっての選択肢がさらに広がっていく可能性があるのが、民泊の魅力です。

POINT 1

民泊運営は少ない労力で収入を得るとともにビジネス力も上がる！

初期投資100万円台でも、1年で回収できる！

民泊は買うんじゃなくて、物件を借りて運営できるんですよね。そもそも、自分が借りた物件を又貸しすることはできるんですか？

もちろん勝手にはしてはいけません。物件を所有しているオーナーから**「転貸」の許可をもらう必要があります。**オーナーの承諾を得ずに民泊を開業することはできません。また、マンションなどの場合、1棟全部が同じ所有者ではなく、各部屋それぞれの所有者が異なる「区分マンション」では、管理規約等に民泊営業を許可する旨の記載があるかどうか確認する必要があります。

結構めんどくさいんですね……。

こうした制約があるので、民泊利用可能な物件は需要に対して供給が少なく、い

い物件は取り合いです。でもやはり、物件を購入しなくても事業を始められるのは、民泊の大きな魅力ですよ。

初期投資としてどれくらい必要ですか？
物件にもよりますが、１００万円台で収まることが多いです。敷金・礼金など物件を借りるための費用、消防設備の設置費用、家具家電の購入費用、内装のコーディネートや撮影に関わる費用、許認可申請手続きを行政書士に依頼する場合はその分の費用がかかります。それにプラスして、物件を借りてから民泊の営業を開始するまでは、売上のない状態で家賃のみ支払うので、それも含めてトータルで**１５０万円から２００万円みておくといいですね。**

１５０万か〜、結構かかるんですね……。もうちょっと少額でできないんですか？
許認可申請の手続きや部屋のコーディネートや写真撮影をプロに頼まず、自分でやれば、その分の費用は減らせますよ。でも本業をやりながら、平日に行政へ相談や手続きに出かけたり、書類を作成したりする時間を作れますか？

うーん、そんなに休みもとれないですね……。
全部自分でやればコストは抑えられるかもしれませんが、その分時間がかかるし、プロの仕事にはかないません。時間がかかれば、いつまでも売上が上がらず、家賃ばかり支払うことになりますよ。私は数々民泊ビジネスを始めた人を見ましたが、稼ぐ人の多くは、最初に必要分のお金をかけています。初期費用を惜しんで失敗するより、「先行投資」「時間への投資」と考えましょう。

わかりました！　何とか費用は貯めたいと思います！
あとは、**どのくらいの期間で初期費用を回収できるかがポイント**です。不動産投資の場合、たとえば、5000万円のマンション1室を購入したとして、月20万円の賃料で入居者に貸すことができた場合、どれくらいの期間で回収できるでしょうか？

下の計算式で見ると……21年！　20年後なんて想像できない……。

年間の家賃収入：20万円／月×12か月＝240万円／年
回収期間：5000万円／（240万円／年）＝約21年

実際には、保険や税金などの経費がかかるので、回収期間はもっと長くなりますし、そもそも20年間も借り手がいるかもわかりません。
次に民泊の場合です。たとえば僕が運営している物件（大阪市内の戸建て2DK、広さ約50㎡、最大収容人数8人）では、平均して月10万円ほどの利益が出ています。僕の場合、不動産屋をしていて仲介手数料がかからないため、初期費用は一般の人と比べて安く抑えられ約100万円でした。
こんな感じで、1年以内で回収できていますよ。仮に初期費用が150万円だったとしても、回収期間は1・25年です。

すごい！　民泊はケタ違いに短期間で回収できる！　ここが不動産投資との大きな違いですね。

そういうことです。また、物件を借りる契約だと、うまくいかなかったときも撤退しやすいというメリットがあります。

年間の利益：10万円/月×12か月＝120万円/年
回収期間：100万円/（120万円/年）＝約0.8年

でも予想していたより予約が入らなかったら、回収するのは先になりますよね……。

リスクをどこまでとるかは、個人の考えによると思いますが、うまくいかなかったときのことも考えて、資金にはある程度余裕を持たせておくのがいいですよ。たとえば、初期費用１５０万円支払って、毎月５万円の赤字だったとしたら、１年間でさらに60万円の持ち出しになってしまいます。第２章で詳しく説明しますが、撤退する場合も家具家電の処分などにも、費用がかかります。そうしたリスクも想定して、最低でも２００万円、できれば３００万円くらいの自己資金があると安心です。

POINT

初期費用は２００万円あればできる！　初期費用の回収が圧倒的に早く、うまくいかなかった場合のリスクも小さい

民泊には６０００万人の見込み客がいる

民泊事業は収益性が高いというだけでなく、**インバウンドの復活で、今後も成長が見込める事業です**。日本を訪れる外国人は、コロナ禍で一旦落ち込みましたが、２０２３年は２５０７万人まで回復しました。日本政府観光局が２０２４年７月に発表した資料によると、２０２４年６月までの半年で、訪日外国人旅行者数は１７００万人を突破しました。過去最高を記録した２０１９年上半期と比べて１００万人以上上回るペースです。

図表1-1　訪日外国人旅行者数の推移

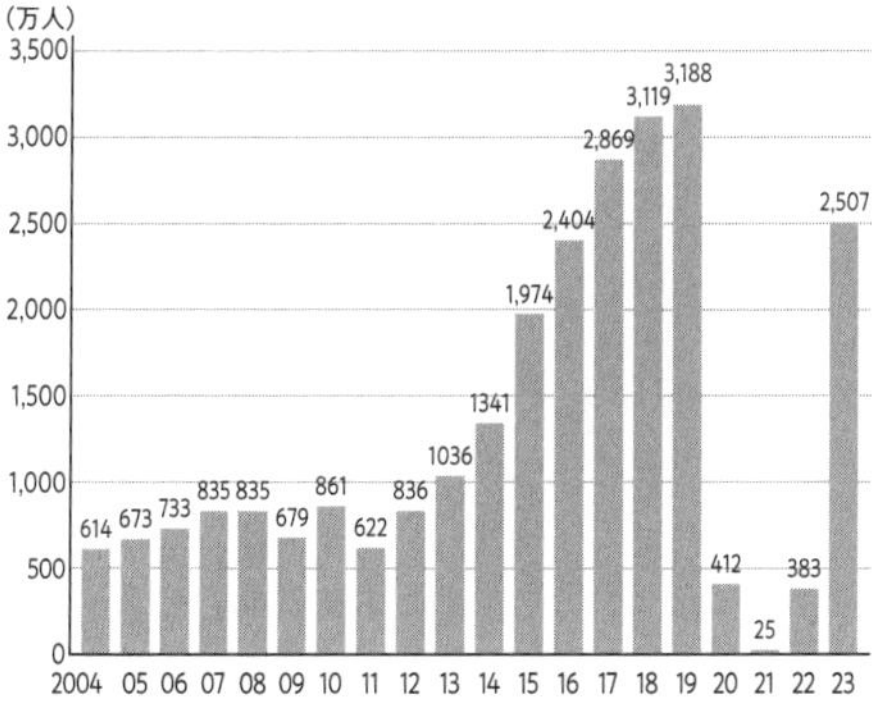

出典:日本政府観光局（JNTO）「訪日外客数」をもとに筆者作成。

確かに最近は街を歩いていても、外国人観光客が増えたなぁと感じますね。

政府は「経済財政運営と改革の基本方針２０２４」で、「２０３０年に訪日外国人旅行者数６０００万人」を目指すという目標を掲げています。民泊事業にとって、これからまだまだ需要が見込めるマーケットと言えます。

訪日外国人が増えているのはわかりますが、民泊を利用する外国人は増えているのでしょうか。ホテルは外国人観光客で賑わっているようですけど……。

民泊を利用する外国人は断然増えていま

図表1-2 住宅宿泊事業における外国人宿泊者数の推移

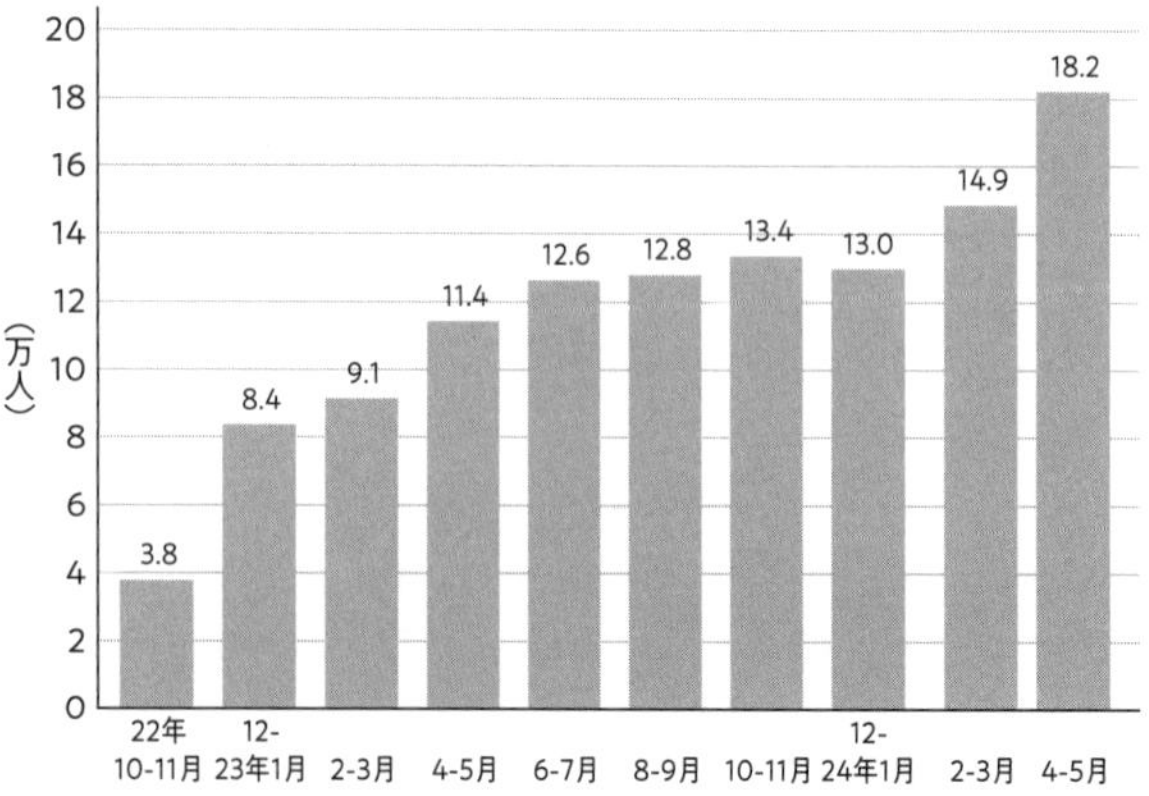

出典:「住宅宿泊事業者からの定期報告の集計(観光庁)」をもとに筆者作成。

す。観光庁が2か月ごとに発表している住宅宿泊事業の宿泊実績（「住宅宿泊事業法（民泊新法）」に基づく報告）を見てください。外国人宿泊者数は増えているのがわかりますね。

外国人観光客の平均宿泊日数は7～14日と、比較的長いです。また、家族や親族と一緒に大人数で旅行する人たちもいます。10人以上のグループで来日する観光客もいます。

こうした外国人観光客にとって、**大人数でも同じ部屋に泊まることができ、一緒にリビングでくつろぐことができるのが民泊の大きな強み**です。

またホテルと違い、キッチンがあるので、食材を買ってきて、食べ慣れた自国の料理をつくることもできます。洗濯も好きなタイミングでできます。民泊はそうした外国人観光客のニーズを満たすことができる宿泊施設なのです。

POINT

外国人観光客を受け入れる宿泊施設として、民泊は成長の見込める事業である

民泊ビジネスに追い風！観光政策と規制緩和で広がる市場

政府は「2030年に訪日外国人旅行者数6000万人」という目標を掲げているという話をしました。民泊事業の市場は今後も拡大していくというだけでなく、それが政策として推進される点が、民泊事業にとっての「強み」といえます。
さらには、「地方を中心としたインバウンド誘客」という方針に基づいて、政府はさまざまな施策を推進しています。今後は地方の民泊需要も高まる可能性がありますね。

どうして、国が民泊を「推している」ってわかるんですか？

国の定めた法律が、そのように示しているからです。
民泊に関わる法律に関して、規制緩和が進められたりしています。成長が見込め

る分野で、なおかつ、規制緩和で運営のハードルが下がる可能性があるとなったら、どうなると思いますか？

それはもう、民泊事業をやりたいと思う人が増えますね。
そうですね。でも誰でも参入できることになるとどうなるでしょう？
パイの奪い合いになるということですね……。
そういうことです。僕が民泊を始めた頃は、まだ民泊事業がどういうものか、あまり知られていませんでした。だから競争相手も少なく「やれば儲かる」という面がありましたが、今は違います。プレーヤーはどんどん増えています。だからこそ、**民泊事業に興味があるなら、今が、この瞬間が始めどき**なんです！

POINT

市場は拡大するがプレーヤーも増えている。民泊を始めるなら今！

どの制度に基づいて運営するかで収益も変わる

たか社長は1年で投資回収できたそうですが、ちょっと待って下さい。「民泊は年間で１８０日しか運営できない」という話を聞いたことがあります。毎月10万円稼げるといっても、年間を通じて考えると60万円程度しか稼げないことになりますよね？

一口に「民泊」といっても、実は行政の許認可の種類に応じて運営の方法などが変わるんです。**全部で3種類あります**。各制度の概要を図表1―3にまとめました。具体的な内容は自治体により異なるので、個別に確認することが必要です。
なお、特区民泊で営業できるエリアは、２０２４年７月現在、東京都大田区、千葉県千葉市、新潟県新潟市、大阪府大阪市、大阪府寝屋川市、大阪府八尾市及び大阪府内で実施可能と認められている地域、福岡県北九州市です。

図表1-3 行政の許認可の種類

	旅館業法（簡易宿所）	国家戦略特区法（特区民泊）	住宅宿泊事業法（民泊新法）
営業日数の制限	制限なし	2泊3日以上の滞在が条件（下限日数は条例により定めるが、年間営業日数の上限は設けていない）	年間提供日数180日以内（条例で実施期間の制限が可能）
住居専用地域での営業	不可	可能（認定を行う自治体ごとに、制限している場合あり）	可能（条例により制限されている場合あり）
最低床面積、最低床面積（3.3㎡／人）の確保	最低床面積あり（33㎡。ただし、宿泊者数10人未満の場合は、3.3㎡／人）	原則25㎡以上／室	最低床面積あり（3.3㎡／人）
非常用照明等の安全確保の措置義務	あり	あり（6泊7日以上の滞在期間の施設の場合は不要）	あり（家主同居で宿泊室の面積が小さい場合は不要）
消防用設備等の設置	あり	あり	あり（家主同居で宿泊室の面積が小さい場合は不要）
近隣住民とのトラブル防止措置	不要	必要（近隣住民への適切な説明、苦情及び問合せに適切に対応するための体制及び周知方法、その連絡先の確保）	必要（宿泊者への説明義務、苦情対応の義務）
不在時の管理業者への委託業務	規定なし	規定なし	規定あり

出典:国土交通省 民泊制度ポータルサイト「minpaku」をもとに筆者作成。

年間180日というのは、「民泊新法」に基づいて届出、開業した場合に適用されるのですね。それぞれ違いがあるみたいですが、この3つのうちのどれで民泊を始めるのがいいのでしょうか？

いい物件を押さえることが先決なので、「どれで民泊を運営すればいいか」というよりは、**「見つけた物件が、どの制度で民泊として運営できるか」を考えたほうがいい**です。
副業として利益を出したいなら、次の順番で考えましょう。

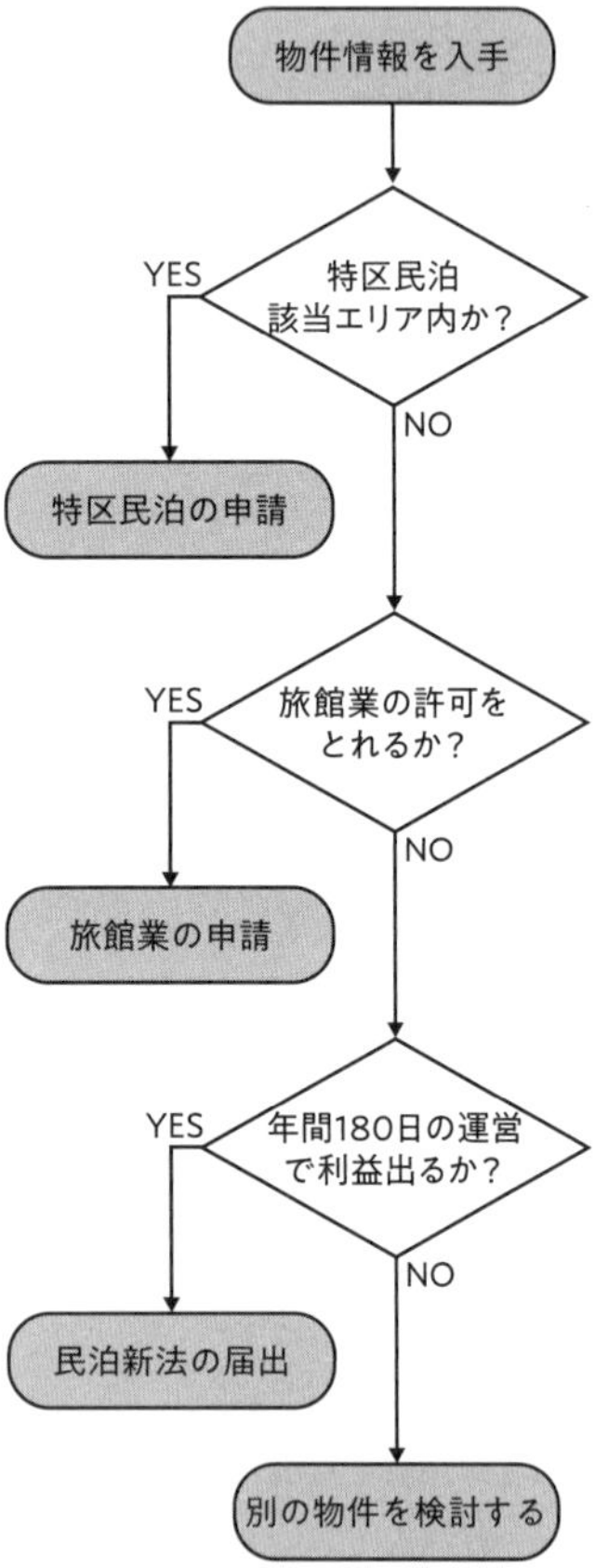

「特区民泊該当エリア内で物件を探そう」「浅草周辺で物件を探そう」というように、エリアを限定したり特定のエリアにこだわったりすると、いい物件に出会える可能性が狭まってしまいます。**物件ありきで考えましょう。**

民泊新法で届出をして民泊を運営する場合は、年間１８０日しか運営できないから、残りの期間はマンスリー賃貸として運用すればいいのではないですか？

うーん、それはハードルが高いと思いますね。宿泊なら1泊1万円で予約をとることができても、マンスリー賃貸だと1泊1万円でも1か月借りると30万円と高額になります。それだけの金額を払って借りる人は、なかなかいません。毎月支払う家賃とトントンか、少し上乗せしたくらいの金額なら借りてくれる人はいるかもしれませんが、その場合、収益はほとんど得られません。年間１８０日は民泊として運営し、残りの期間は収益がほとんど得られない前提でシミュレーションし、それでも年間で利益が出るなら、民泊新法で届出をして運営してもいいでしょう。
民泊新法にのっとって運営するケースとしては、副業として稼ぐというよりも、

「自宅の空き部屋を有効活用したい」とか、「空き家となっている実家を活用して、少しでも収入を得たい」といったすでに余らせた持ち家を有効活用したいと考えるケースが多いみたいです。

POINT

副業として民泊を運営するなら、365日運営できる「特区民泊」または「旅館業」の許認可を得るのがおすすめ!

COLUMN

お金だけではない！

国際交流ができる民泊の魅力

民泊の運営には「お金を稼ぐ」以外にもさまざまな魅力があります。どのような魅力があるのか、僕が関わったお客様に話を聞いてみました！

●T様（20代・男性）

民泊を始めてよかったのは、本業の収入以外にも収入を得られるようになっただけでなく、自分でDIYをしたり、建築業者から見積をとったりするなどの経験を通じて、生きていくうえでの勉強ができたことです。

一番嬉しかったのは、ゲストから「あなたは素晴らしいホストです。また関西に来たら、あなたの民泊に宿泊します」と言われたことです。やはり、ゲストに喜んでもらえるのは、ホストをやっていて一番の喜びです。

●M様（40代・男性）

清掃などの業務は外注できるし、基本的にスマホを使ったメッセージのやりとりだけなので、子どもとの生活を大切にしながら運営できることが魅力です。実際に運営する中で、宿泊者のさまざまな問題、要望に対する対応力がついたと感じています。外国語でのコミュニケーションが得意という、自身の能力も活かせています。

自分の民泊のコンセプトが宿泊者の目的、用途にピッタリとはまり、長期間活用してもらえたのは嬉しかったですね。

特別
インタビュー

たか社長 × 収納王子コジマジック

収納王子コジマジックさんとのコラボレーションで、一緒に民泊物件を作りました。部屋は15㎡ほどの新築ワンルームと、築60年19㎡の1DKの物件です。狭い物件ゆえに、収納や動線の確保が重要。ミリ単位で寸法を測り、隙間なくピッタリの収納で快適な空間をつくりあげたコジマジックさんに、民泊運営の魅力についてお聞きしました。

たか社長 そもそも、なぜ民泊をやろうと思ったのですか？
コジマジックさん（以下、コジマジック） 本職は芸人なんですけど、整理収納サービスの会社も運営しています。会社はおかげさまで安定しているけれど、さらに事業を拡大するため、新しい柱を探していました。その中で、民泊の部屋づくりに自分たちが培ってきた「収納」という強みを活かして、「民泊収納スタイリング」というサービスを提供できるのではないかと思ったんです。そのためには、自分自身が民泊の部屋づくりから運営までを経験して、ホストの気持ちを理解することが必要だと感じて、民泊運営を始めることにしました。
たか社長　実際に部屋づくりをしてみて、ご自身の持っている経験や能力をどう活かせたと感じていますか？
コジマジック　今回手がけた物件は狭かったから「いかに収納するか」が課題だったけれど、民泊は基本的に広くて大きな物件が主要だし、一般家庭と違って収納するものもそんなに多いわけではない。つまり、**民泊において収納はそこまで必要なわけではない**ということに気づきました。そこで視点を変え、収納をゲストだけでなく、ホストや清掃業者に向けて提案できるものにしようと思いました。
たか社長　具体的にはどんな工夫をしましたか？
コジマジック　どこに何がどれだけあるのかを、見てわかるようにしたことですね。たとえば、清掃業者は清掃とともに備品の補充をしてくれたり、食器や調理器具を元の場所に片づけたりしてくれます。でも、いくつ置いておけばいいか、どの位置に戻せばいいかといった情報がないと、どうしたらいいかわからないですよね。清掃業者が自分で判断して補充した結果、本来は3個置いておくべきものが2個しか置いていなかったら、ゲストから「足りない」というクレームが出てしまうかもしれません。
たか社長　確かにそうですね。物がなくなっていても気づかず、ゲストからのクレームにつながるなんていうこともありそうです。

コジマジック 「清掃業者のせいでゲストからクレームが来た」みたいになってしまったら、清掃業者も気の毒じゃないですか。だから情報をわかりやすく共有するために、収納の基本である「ラベリング」を使って、「見たらわかる」という仕組みづくりを取り入れました。ゲストに対しても、英語、中国語、韓国語の3か国語のラベリングをして、どこに何があるか、どこに何を戻せばよいかをわかりやすく示すようにしました。
たか社長 僕は最初、コジマジックさんにあれこれアドバイスする気満々でしたが、逆に教わることが多くて勉強になりました。実際に民泊を始めてみてどうでしたか？
コジマジック 小さな喜びが増えましたね。予約が入ると顔がにやけます。Airbnbからの入金が月締めではなく、予約の都度、チェックインの翌日なのも嬉しいですね。他のビジネスと比べて評価が早いのが励みになります。
たか社長 ゲストとの交流で印象に残っているエピソードがあれば教えてください。
コジマジック 洗濯機が壊れていることが発覚した日の夕方にお客様のチェックインがあったときのことです。洗濯機が使えないので、ゲストには近所のコインランドリーを案内しました。もちろん、コインランドリーの費用は負担しました。
2日目の午後に新しい洗濯機が届いて設置する際、お詫びの印に手紙とお菓子を部屋に置いていったんです。だって、不便をかけちゃったわけだし、申し訳ないと思ったから。そうしたら、チェックアウトの時にゲストがお礼の手紙とお菓子を残していってくれたんですよ。こちらが迷惑をかけたのに、誠実に対応したことを喜んでくれたんでしょうか。国を超えて通じ合うものを感じて嬉しかったですね。励み、モチベーションになりました。
たか社長 そういう「ちょっとした心の交流」は嬉しいですよね。民泊の魅力のひとつかなと思います。民泊の運営を始めてみて、ご自身にはどんな変化がありましたか。
コジマジック 始めるときは不安が大きかったけれども、今までに出会ったことのなかった人と新たに知り合えて世界が広がりました。50歳を過ぎて、安定に甘えていた部分があったなと思いました。でも、「次はこんなことしてみようかな！」というように、新しいことにチャレンジするやりがいを再認識できました。一回り以上下の世代の、今民泊業界を動かしている人たちとの交流で、そういう感覚を持つようになりました。
たか社長 これからどんな民泊運営をしていきたいですか？
コジマジック まずワンルーム、1DKで始めたけれど、一戸建てのような広い物件や地方民泊などもやってみたいですね。そうすることで、さらに新しくやりたいことが見えてくると思うからです。いろんなことをやってみて、やりながら、自分たちの会社に合った民泊づくりを形にしていきたいです。

第2章

民泊は物件で
9割決まる

絶対に外さない物件の選び方

物件選びさえ間違えなければ、月10万円は稼げる！

第１章で「民泊で毎月10万円稼げる」という話でしたが、もう少し詳しく教えてください。

賃貸物件を借りて運営する民泊のビジネスモデルは、とてもシンプルなんです。たとえば、家賃10万円の物件を借りて、１泊１万５０００円で旅行者に貸し出したとします。月間20日稼働した場合、収支は図表２―１のようになりますね。経費は利用状況や時期などによって異なりますが、毎月これくらいの金額が固定的に発生すると見込んでいます。また、「その他雑費」は備品が壊れた際に買い替えたり、思わぬトラブルが起こったりした際の費用を事前に組み込んでいます。さらに、代行業者に運営を委託したり、清掃を業者に外注したりする場合は、そ

図表2-1 **収支表（例：家賃10万円の物件を借りて、20日稼働した場合）**

①売上（15,000円×20日として）		300,000円
②経費	家賃	100,000円
	光熱費	25,000円
	Wi-Fi費用	6,000円
	消耗品費	5,000円
	ごみ処理費	10,000円
	その他雑費	5,000円
	経費合計	151,000円
粗利（①－②）		149,000円

の分の経費が必要となります。

やっぱり経費の中で最も比率が大きいのは家賃だから、いかに安い物件を探すかがポイントになりそうですね。

「家賃」だけにとらわれていると失敗しますよ。経費を下げることも大事ですが、いかに売上を上げていくかがポイントです。家賃が安くても、立地が悪ければ売上は上がりません。

あ、そうか。自分が部屋を借りる感覚で考えていました。いかに売上を上げるかを考えなければいけないんですね。

その通り、売上を上げるには、単価を上げるか、稼働日数を上げるかになりますね。たとえば、図表2―1の場合、稼働日数が月25日になれば、売上は37万５０００円になります。経費の15万１０００円を差し引くと、粗利は22万４０００円になります。

逆に、稼働日数が減って、月に10日しか稼働しなかった場合は、売上は15万円と

なり、１０００円の赤字になってしまいます。
赤字を避けるためにも、稼働日数は上げていかなければいけませんね。
宿泊単価の設定も大切ですよ。たとえば、単価を１万５０００円から１万円に下げると、20日稼働で売上は１万円×20日で20万円となります。経費の15万１０００円を差し引くと、粗利は４万９０００円になってしまいます。
宿泊単価、稼働日数、そして、経費の大半を占める家賃で民泊ビジネスの成否が決まります。物件選びを間違わなければ、１軒でも月間15万円～20万円の粗利を出すことができます。「立地がよい」「利便性が高い」「家賃がお値打ち」など、条件の良い物件であれば、さらに大きな利益を得ることができます。しかし、焦って条件の悪い物件を借りてしまうと、売上が思うように上がらず、毎月の収支がマイナスになってしまうこともあります。いい物件かどうかを見分ける力を養うことから始めましょう。

POINT

民泊ビジネスの成否は物件次第。物件を見極める目を養おう

何人泊まっても同じ料金だから、広い部屋ほど稼ぎやすい

物件の間取りや広さはどのように考えたらいいですか？
民泊を運営する物件を選ぶ際は、**「部屋の広さ」**と**「最大収容人数」**を基準にしましょう。とくに、外国人観光客は家族三世代で旅行するなど、大人数で旅行する人も多いです。

確かに、大所帯で出かけている姿はよく見かけますね！
そのような観光客に対して、「広い部屋でみんな一緒に泊まれる民泊」を提供すれば、ホテルと差別化しやすくなりますよね。例として、家族8人で旅行に来た観光客の場合で、ホテルと民泊の違いを整理してみましょう。

◉1泊1人あたり1万円のホテル（ツインルーム）に泊まる場合

家族8人なので、ツインルーム4部屋の予約が必要。
↓1泊あたりの宿泊費は1人あたり1万円×8人＝8万円

◉民泊に泊まる場合

2LDKのマンションにダブルベッドが4台あり、最大8人泊まれる民泊であれば、家族全員が同じ部屋に宿泊可。民泊の宿泊料金は、1部屋あたりの単価で設定されるのが一般的
↓1泊あたり4万円の部屋なら、8人分の宿泊費は4万円
このように、ホテルの半分の費用で8人宿泊できます。

家族旅行など、大人数で宿泊する旅行客にとっては、魅力的ですね。同じホテルで4部屋予約できないこともあるでしょうし、予約できたとしても、同じフロアではないということもあり得ますよね。

民泊では**できるだけ広い部屋で、一部屋に泊まれる人数を多くすることが大事**です。１人あたりの宿泊単価も下げることができます。
もしも、小さなワンルームでベッドを１〜２台しか置けず、２人しか泊まれないとしましょう。１泊１万５０００円とすると、１人あたりの単価はいくらになりますか？

２人で１万５０００円だから、１人あたり７５００円ですね。

１人あたり７５００円だと、ホテルとの差別化は難しいですよね。たとえワンルームでもダブルベッドが２台入る方が望ましいですし、最低でもダブルベッド１台とソファベッドを入れて３人以上泊まれる部屋にしましょう。そうすれば、一般的なホテルよりも割安で利用できるので、予約を獲得しやすくなりますよ。

POINT

ホテルと差別化できるよう、最低でも３人以上泊まれる部屋を選ぼう

不動産屋が勧める「良い物件」に騙されてはいけない

これから実際に物件を探すとき、不動産屋に問い合わせることがあると思いますが、もし不動産屋から「この物件で民泊をしたら儲かりますよ」なんて言われたら、佐藤さんはどうしますか。

「いい物件を教えてもらえてラッキー」と思うかな。不動産屋が言うなら間違いないですよね。

不動産屋が言うなら間違いないと思うのはどうしてですか。

だって、立地条件がいいかどうかは不動産屋が一番知っていますよね。

では、佐藤さんがカフェを開業するためにテナントを借りる検討をしているとし

ましょう。不動産屋から「この物件でカフェを開業したら儲かりますよ」と言われたら、どうですか？

カフェですか。カフェと言っても色々あるし、「どんなカフェでも儲かるって言えるのかな」と疑問に思うかもしれません。

そうですよね。しっかり計画している事業者であれば、店内の広さや賃料といった条件だけでなく、座席数や動線、人通りの多さなどを自分で確認するはずです。
さらに、競合店の調査や提供するメニューの種類、客単価の設定や回転率を事前にシミュレーションする場合もあるでしょう。とにかく、ビジネスとして利益を出すための条件を自分で確認しますよね。
民泊は「宿泊業」、つまり、カフェと同じ「店舗ビジネス」です。それなのに、なぜか民泊となると「民泊で儲かりそうな物件を探しています」と不動産屋に問い合わせたり、「この物件で民泊をしたら儲かりますよ」という不動産屋の言葉を信用してしまったりする人がいるんです。
不動産屋は、自分たちの探した物件を誰かが契約してくれたら、その時点で手数

料をもらって役割が完了するビジネスモデルです。契約締結後は、その物件の借主のビジネスがうまくいくかどうかには無関心だし、当然責任も負いません。

言われてみれば確かに……。

「主要エリアじゃないけど駅から近いので安定しますよ」とか「地元の商店街に昔ながらの日本っぽさがあって外国人にも人気ですよ」と勧めてくる不動産屋もいますが、鵜呑みにするのは危険です。なぜならば、**不動産屋は物件探しのプロですが、民泊の経営に関しては全くの素人**だからです。民泊の運営にかかるコストにどんなものがあるのかも知りません。

でも、ほかの物件で実績が出ているようなことを言われると、「そうなんだ」と信じてしまいそうです。信じていいかどうか、どうしたら見分けられますか。

見分けるというより、私たちがまずやるべきことは、シミュレーションです。不動産屋から情報を収集し、どんどんシミュレーションをして、「良い物件」かどうかを自分で判断できる目を養うことです。

とはいえ、こちらは物件に関しても素人なので、情報を収集するにしても不動産屋が頼りです。信頼できる不動産屋を見極めるにはどうしたらいいですか？

ネットで情報収集するだけではなく、店舗や電話で直接話をしてみましょう。丁寧に応対してくれるかどうか、物件の説明は正確かどうか、こちらからの質問に対して明確な回答をしてくれるかどうか、確認を依頼したことに対して迅速に対応してくれるかどうかがポイントですね。物件のメリットだけでなく、デメリットについても正直に教えてくれる不動産屋は信頼できます。

確かに、電話応対だけでも雰囲気はわかりますね。

中には、「いつまでに契約してくれないと、ほかの人に回してしまいますよ」というような強引な言動で契約を急かす不動産屋もいるようです。ただ、オーナーから要求されていることを伝言しているだけの場合もあります。**大切なのは、不動産屋の善し悪しを見極めることよりも、シミュレーションすること**です。

民泊の宿泊単価や稼働率、コストなど、具体的にどのようにシミュレーションするのかについては、このあとの項で詳しく説明します。

POINT

不動産屋は民泊経営ではまったくの素人。不動産屋の言うことを鵜呑みにしてはいけない

シミュレーションは必ず自分で作ろう

不動産屋は民泊の経営に関しては素人だから、「いい物件」と言われても鵜呑みにしてはいけないことは理解しました。それなら、民泊のプロである民泊運営代行会社にシミュレーションをお任せするのはどうですか？

たとえ民泊運営代行会社であっても、僕はやはり鵜呑みにせず、自分でシミュレーションすることをお勧めします。

やっぱり自分でシミュレーションしないといけないんですか。プロに任せれば楽だなと思ったのですが……。

その気持ちはわかるけれど、**稼いでいる人、うまくいっている人は、自分のビジ**

ネスに関わる数字は自分で把握していますよ。

刺さりました……。

運営代行会社はプロだから、お客さんが稼げるかどうか真剣に考えてくれると思います。でも、中には、本当は儲からないのに契約してもらうために「儲かりますよ」と楽観的なシミュレーションを出す会社があるかもしれません。逆に、運営代行会社は「儲からない」と判断したけれど、実際にやってみたら儲かったというケースもあるんですよ。

実際に僕が経験した事例を紹介します。お客様から運営代行を依頼された物件をシミュレーションした結果、「儲からないだろう」と判断したのに、すごく売上を出しているケースがありました。

その物件は、主要エリアから少し離れており、なおかつ最寄り駅から徒歩10分以上かかる場所にありました。駅から距離がある割には家賃が高かったので、「新築でキレイだけれども、微妙だな。僕だったらやらないな」と思いました。

ところが、ふたを開けてみたら、予想以上に売上が出てうまくいっています。

何が良かったんですか？
原因は一つではないと思いますが、内装や写真での見せ方が良かったのかなと思っています。ここで強調したいのは、運営代行会社から「おすすめ」とか「微妙」と言われても、**自分でシミュレーションをして、「いい物件」あるいは「微妙な物件」と自分でも思うかどうか、その自分の感覚を大事にしてほしい**ということですね。

POINT

運営代行会社の意見は参考にしても、鵜呑みにせず、自分で確認する

「売上見込み」は「Airbnb」に掲載されている類似物件から算出する

たか社長、私はもう、今すぐにでも物件探しにとりかかりたい気持ちになっています！

その気持ちはわかりますが、焦りは禁物ですよ。民泊に限らず、どんな事業でも、たとえ副業でも、事前に売上見込みを正しく想定しておくことは大事です。
良い物件がなかなか見つからず、民泊を始められない状態が続くと、痺れを切らして物件選びを妥協してしまう人がいます。売上見込みを楽観的に見積もったり、自分の希望売上をそのままシミュレーションに反映させたりして判断してしまうのですが、これはかなり危険です。いざ運営が始まってから、実際の売上が想定していたより小さいと、経費を賄《まかな》えずに赤字になってしまうこともあります。

何度も話しているように、シミュレーションを何度も自分でやってみましょう。

「経営者感覚」を身につける、大事な一歩ですよ。

わかりました。シミュレーションはどのようにすればいいのでしょうか？
シミュレーションは「Airbnb」という民泊を対象にした予約サイトを使って行います。これから具体的な手順を紹介します。

民泊サイト「Airbnb」：https://www.airbnb.jp/

① Airbnbで類似物件を見つける

自分が民泊を始めようと思っている場所や、実際に借りようと考えている物件がある場所に、どのような民泊があるのかを探します。

例えば、東京の「池袋」で探してみることにしましょう。

Airbnbのトップページに表示される「ロケーション」に「池袋」と入力します。

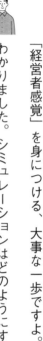

次に、「チェックイン」と「チェックアウト」は何も入力せず、そのままにしておきます。

「旅行者」（人数）は、検討している物件の最大収容人数の70～80％の人数にします。たとえば、最大収容人数8人で検討している場合は、「6人」と設定します。

「場所」と「人数」を入力して「検索」をクリックすると、候補となる民泊一覧と地図が表示されます。

②類似物件の予約状況から、「稼働率」を予測する

地図の左上にある「く」ボタンを押して、地図のみの表示に切り替えます。さまざまな価格、条件の民泊が表示されているので、自分が検討している民泊物件と条件が近い部屋を探しましょう。具体的に

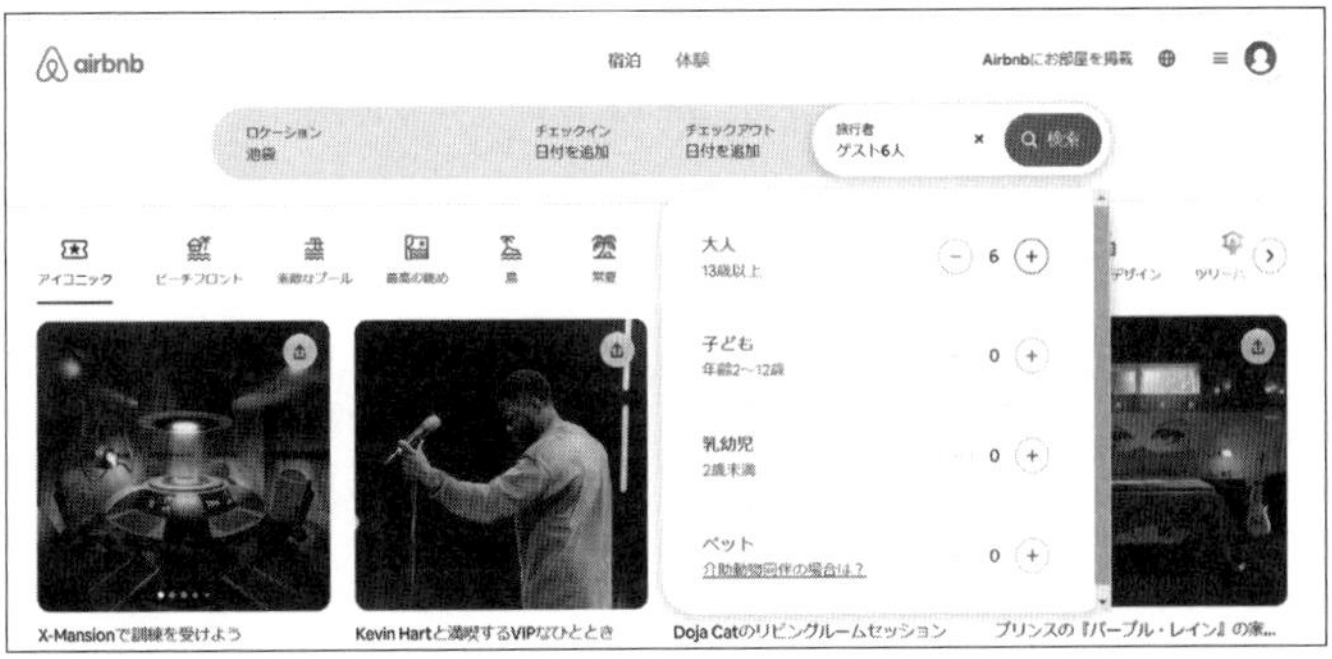

は、**「駅からの距離」「ベッド数」「最大収容人数」の条件が近い部屋を選びます。**

条件が近い部屋を選んだら、カレンダーで予約状況を確認します。

カレンダーに表示される日付のうち、クリックできるところが予約できるところです。日付の上に打ち消し線が入っている日は予約できません。

本日から向こう1か月の予約状況を見て、稼働率を設定します。たとえば、この物件の場合、7月19日～8月18日までの31日間のうち26日間稼働できると設定すると、26日÷31日×100＝84%となります。

シミュレーションでは、少し低めに見積もって「75%～80%」としてみましょう。

稼働率の予測で大事なのは、**「厳し目に見積もる**

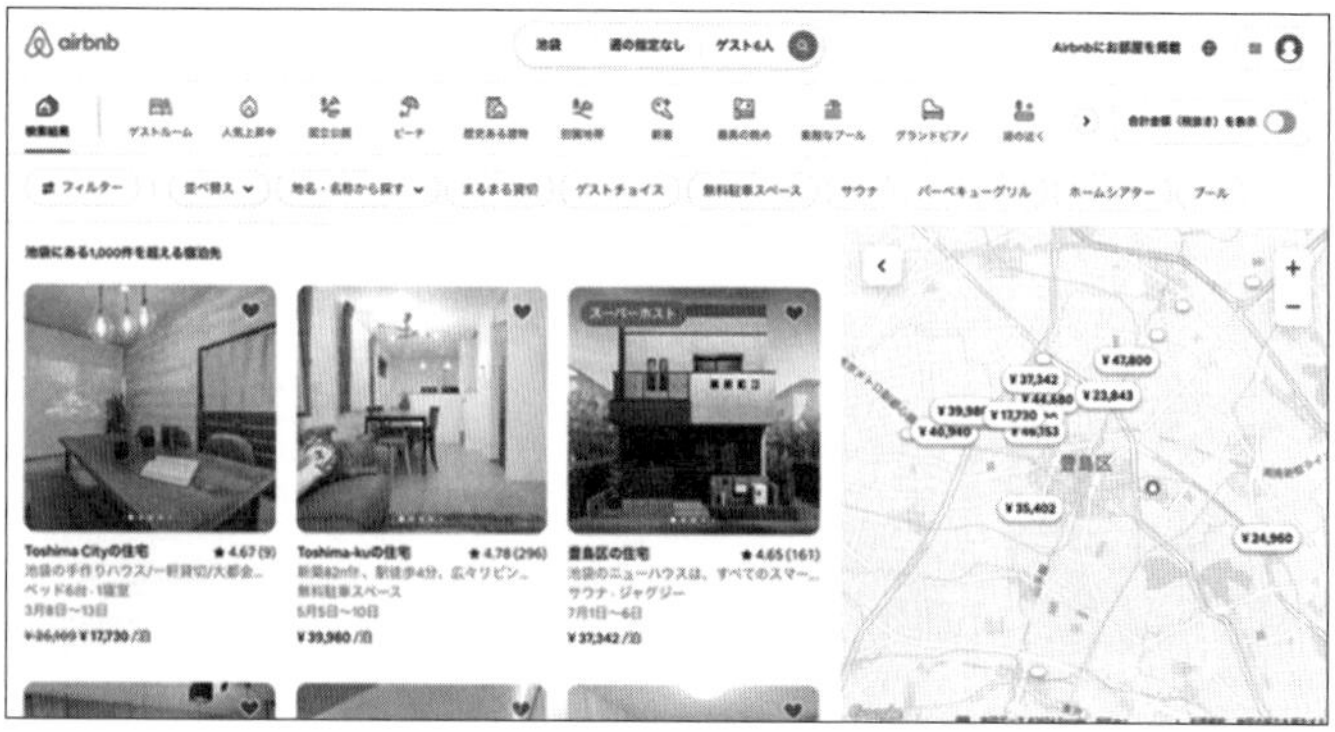

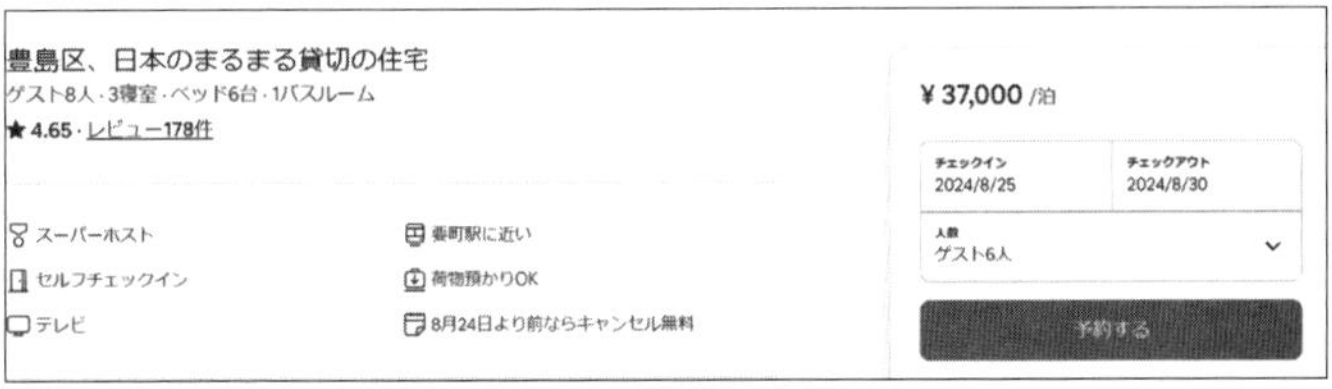
豊島区、日本のまるまる貸切の住宅
ゲスト8人・3寝室・ベッド6台・1バスルーム
★4.65・レビュー178件
スーパーホスト
セルフチェックイン
テレビ
荷物預かりOK
8月24日より前ならキャンセル無料
¥37,000 /泊
チェックイン
2024/8/25
チェックアウト
2024/8/30
ゲスト6人
予約する

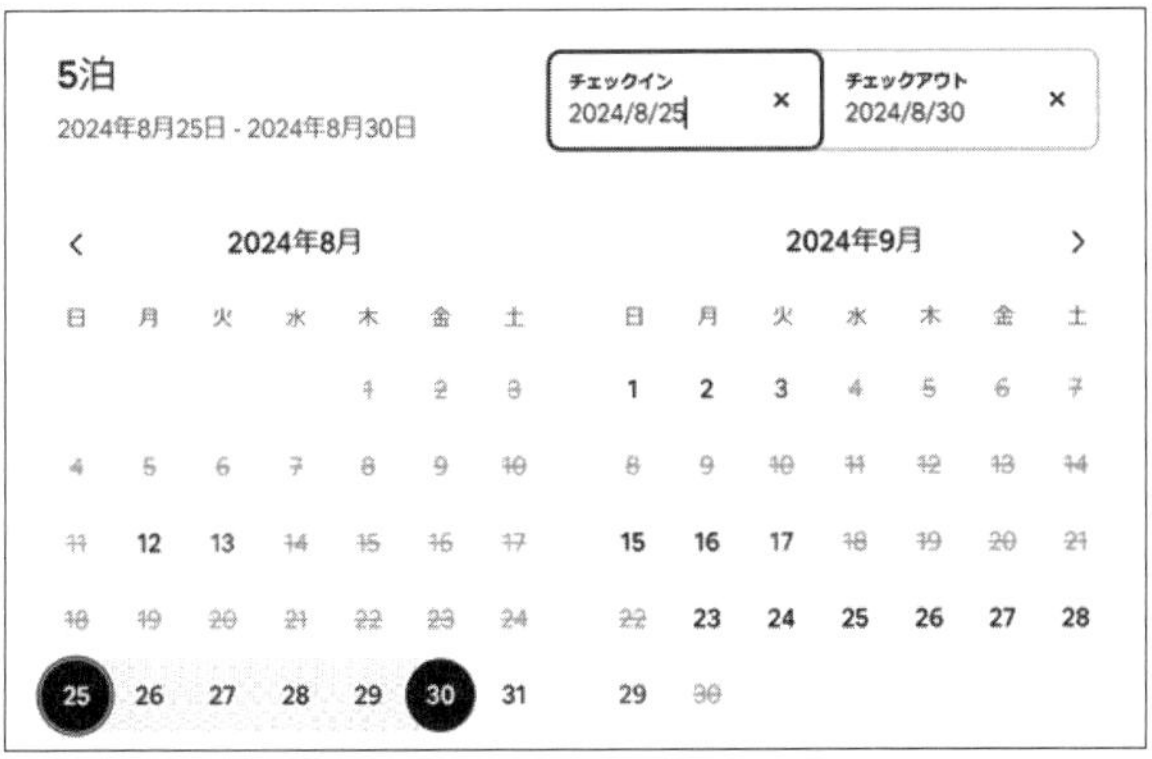
5泊
2024年8月25日 - 2024年8月30日
チェックイン
2024/8/25
チェックアウト
2024/8/30
2024年8月
2024年9月
日 月 火 水 木 金 土

日付を選択
日付を入力すると正確な料金が表示されます
チェックイン
YYYY/MM/DD
2024年7月
2024年8月
日 月 火 水 木 金 土

こと」と**「数多くあたる」**ことです。というのも、稼働率に影響を与える要因は複雑で、単純に割り出せないからです。季節に左右されたり、単価を下げて稼働率を上げていたり、直前になって予約が入ることも多かったりします。だから、できるだけ数多くの物件の予約状況を見て、稼働率が高そうな物件とそうでない物件の違いに着目してみたり、特定の物件の稼働状況を「定点観測」することで、感覚を養うことが大切なのです。

③「宿泊単価」を確認する

予約できる日付をクリックしたら、宿泊単価を確認します。

この物件の場合は、1泊あたりの宿泊単価が3万7000円、清掃料金が1万円であることがわかります。

このように、複数の物件を調べて、宿泊単価、清掃料金を確認します。

¥37,000 /泊
チェックイン
2024/8/25
チェックアウト
2024/8/26
人数
ゲスト6人
予約する
まだ請求されません
¥37,000 x 1泊 ¥37,000
清掃料金 ¥10,000
Airbnbサービス料 ¥7,299
合計（税抜き） ¥54,299

④写真で内装を確認する

Airbnbで物件をピックアップしたら、「すべての写真を表示」をクリックして、部屋の間取りや内装の様子などを確認しましょう。その物件がどのくらい自分のイメージしている物件と近いのか、部屋の間取りや広さ、特に寝室とベッド数、水回りを確認します。こうして、自分が運営しようとしている物件は、どのくらいの稼働率になりそうなのか、どれくらいの単価を設定できるのかを見ていきます。

⑤月間の売上見込みをシミュレーションする

いくつか物件を見たら、想定する稼働率と宿泊単価を決めて計算しましょう。仮に稼働率を75％、宿泊単価を2万5０００円と想定した場合、月間の売上見込みは、次のようになります。

2万5０００円／日×30日×75％＝約56万円／月

より精度の高い売上見込みを算出するには、できるだけ多くの物件を確認することです。

POINT 1

数多くの物件を確認して、数値で状況を把握する

「経費」は、家賃、光熱費、Wi-Fi、消耗品を考えておけばいい

経費としては何をどれくらい見込んでおけばいいですか？
民泊の運営においては、毎月の経費が発生します。しかも、経費のほとんどは、売上があってもなくても発生する「固定費」です。これがどのくらいになるのか、事前に正しく把握しておかないと、いざ運営が始まってから、思っていた以上に経費がかさんで利益が出ないという状況に陥ってしまうことがあります。
民泊を運営する上で必要となる経費は、次のとおりです。

①家賃

賃貸物件で民泊を運営するので、毎月家賃の支払いが必要になります。民泊の場

合、事業用の賃貸借契約となるため、家賃と共益費に別途消費税がかかります。

②光熱費

滞在中のゲストが利用する電気、ガス、水道等の費用です。部屋の大きさや利用状況、時期等によって変動しますが、1Kの物件で月間2万円から3万円程度をみておくと良いでしょう。

③Wi-Fi

滞在中のゲストに快適に過ごしてもらうために、Wi-Fiの設置は必須です。固定の光回線を契約することをおすすめします。費用は契約内容によって異なりますが、5000円から7000円程度が一般的です。

④消耗品

シャンプーやトイレットペーパーのような消耗品を補充するための費用です。部屋の大きさや収容人数、利用状況等によって異なりますが、月間5000円程度をみておくと良いでしょう。

⑤その他（ごみ処理、洗濯など）

民泊の運営で出たゴミは「事業系一般廃棄物」です。つまり、一般的な家庭ゴミと一緒に捨てることはできません。自治体によってルールが違いますが、**有償で処分しないといけません**。費用はおおよそ1万円程度をみておくといいでしょう。

また、リネン洗濯をコインランドリーで行う場合はその費用が必要になります。

さらに、民泊を運営していると家具家電や小物類などの備品の劣化が早く、定期的に買い替える必要があります。このため、「修繕積立費」のようなイメージで月間5000円程度を最初から経費として組み込んでおくことをお勧めします。

清掃を外注するとしたら、どれくらい見込んでおけばいいですか？
物件の広さ、内装によって変わりますが、目安として、1Kや1ルームで、ベッドを2台置いてある部屋であれば、1回約6000円前後が多いです。2DK、2LDKで最大収容人数8人の部屋だと、1回1万円くらいを見込んでおくと良

いでしょう。

民泊の場合は、清掃は毎日入りません。チェックアウトしたタイミングで入るので、清掃回数は月10回程度ですね。したがって、1Kや1ルームの物件なら月6万円、2DKや2LDKの物件なら月10万円を清掃費用として見込んでおくと良いでしょう。

運営の代行を専門業者にお願いする場合はどうなりますか？

代行費用は、月間売上の15～20％を見込んでおくと良いでしょう。仮に、月に56万円の売上があったとしたら、代行費用は56万円×20％＝11・2万円となります。

外注すると、結構お金がかかりますね……。儲かっている民泊事業者の方たちって、外注されているんですか？

外注するかどうかは、自分自身のやり方に合わせて選択するのがいいですね。たとえば、清掃は自分でやるけれど、代行は外注するという選択もあるかもしれません。とくに副業で民泊をする場合は、民泊の運営に多くの時間を割けない人も

いるでしょう。代行を使えば、夜間も対応してくれます。また、豊富な経験とノウハウ、多数の物件の運営データを持っている代行会社は、予約状況に合わせて最適な金額をきめ細かく設定できます。その結果、個人で運営するのと比べて売上を最大化できる可能性が高くなるなどのメリットがあります。
シミュレーションでは、外注するかしないか、するとしたら全部か一部かなど、さまざまな状況を設定して、それぞれにおいて発生する経費を確認しておきましょう。

POINT 1

毎月の固定費を把握しておこう

「回収期間」は、初期費用と毎月の利益で自動的に決まる

Airbnbを使って売上見込みをつくり、そこから必要な経費を差し引いて、毎月どれくらいの利益が得られるかがわかりました。次は初期費用をどれくらいの期間で回収できるかを確認しましょう。

初期費用には、どんなものが含まれますか？

物件の契約をするためにかかる費用、消防設備を設置する場合の工事費用、家具・家電や備品の購入費用などです。物件にもよりますが、１５０～２００万円くらいをみておくと良いでしょう。

目標とする回収期間は、どれくらいを目安にするとよいでしょうか。

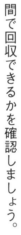

事業投資における初期費用の回収期間は、業種や市場環境等により異なりますが、3年から5年程度が一般的だと言われています。**民泊の場合、回収期間は1年から3年程度が望ましいですね。**どうやって計算するか、というと意外に単純です。**「回収期間」＝「初期費用」÷「毎月の利益」**で計算できます。
たとえば、初期費用が200万円かかったとして、毎月の利益が9万円とすると、200÷9をすれば、回収期間は約22か月、つまり2年以内で回収できることがわかります。
ここまでシミュレーションで確認したら、検討している物件の契約に進んでいきます。逆に、毎月の利益が少なく回収期間が3年を超えてしまう場合は、「運営でなんとかコストを下げよう」などと思わず、もっとよい物件が出るまで待つことも大切です。

POINT 1

初期投資費用を3年以内で回収することを目標にする

競合が少ないエリアは危険！穴場に見えても注意が必要

いくつかある候補地でシミュレーションをしていたら、民泊の数が少ないエリアがありました！　競争相手が少ないからチャンスですよね。いわゆる「ブルーオーシャン」なんじゃないですか？

競合が少ないエリアで民泊を始めるのは、一見チャンスに見えるかもしれませんね。うまくいけば、一時的に利益を独占できる可能性があります。
ただ、なぜその地域に民泊が少ないのか、その理由も考える必要があります。単に未開拓市場である可能性もありますが、そもそもその地域に観光需要がほとんどないという可能性もあります。ほかにも行政の規制が厳しくて、民泊を始めるためのハードルが高すぎる可能性も考えられます。

初心者の方、とくにこれから初めて民泊をしようと思っている方は、**競合が3件未満のエリアは避けたほうがいいでしょう**。なぜなら、十分なシミュレーションができないからです。少ないデータで予測を立てるのは、ギャンブルに近いです。競合が多いエリアなら、多くの物件を参考にしてシミュレーションをつくることができるので、より精度の高い予測ができます。自分が検討している物件とよく似た条件の物件が多数あるエリアで、しっかりシミュレーションすることを優先しましょう。

POINT

初心者のうちは、競合の少ないエリアの物件には手を出してはいけない

家賃が割り高でも、収支が合えば儲かる

インターネットで調べていたら、うちの近所に民泊利用ＯＫの物件があったので見てみました。でも、このあたりの物件にしては家賃が高かったんです。普通に住居用として借りるなら月15万円の家賃なのに、民泊利用となると月25万円って、高すぎませんか？

民泊で利用する賃貸物件は、通常の住居用と比べて家賃は高く設定されていることが多いんです。とくに、最近は民泊用賃貸物件の家賃が大幅に高騰しています。

私のように、民泊を始めたい人が増えているからですか？

その通りです。民泊を始めたいと考えている人の数が増えて、今は物件の取り合

いのような状況になっています。それで、家主側も強気の家賃設定をしたり、場合によっては「オークション形式で一番高い家賃を払う人に貸す」といったケースもあります。

今までの相場だったら十分利益が見込めたのに、家賃が高すぎて損した気分です！
とはいえ、相場と比べて家賃が割高であることを理由にその物件を諦める必要はありません。あくまでも大事なのはシミュレーション。**割高の家賃でも収支がプラスになるのであれば、本来の家賃がいくらであろうと関係ありません。**

ということは、「家賃がいくらまでだったら、収支がプラスになるか」「家賃がいくらまでだったら、3年以内で回収できるか」をシミュレーションで確認し、家賃の上限を自分なりに決めておくことが大事ですね。

そうです。シミュレーションを数多く作っていくと、実際に物件探しのときに家賃が「高いか安いか」といった表面的なものではなく、その物件で「利益が出るか出ないか」「回収期間が長くなるかどうか」という判断ができるようになりま

すよ。

POINT

家賃の金額そのものだけにとらわれず、全体の収支で判断しよう

「解約条件」を確認しないと、退去時に大損してしまう

収支以外で、契約前に確認しておくべきことがあれば教えてください。

物件の解約条件ですね。事業用賃貸借契約は、住居用賃貸借契約と比べて、解約時の条件が借主にとって厳しく設定されていることが多いのです。
個々の契約により違いはありますが、一般的なケースで比較してみましょう。
事業用賃貸借契約の場合、実質数年間は解約できないような縛りになっていて、短期解約できないということ

図表 2-2　物件の解約条件（例）

		事業用賃貸借契約	住居用賃貸借契約
解約予告		退去３～６か月前まで	退去１か月前まで
短期解約違約金	契約から１年未満の場合	ケースバイケース 短期解約できない場合もある	家賃２か月分
	契約から半年未満の場合		家賃１か月分

ともあります。事前に内容を把握していれば、貸主と交渉して条件を緩めてもらうことができる場合もありますが、知らずに契約を締結してしまうと、いざ民泊を始めてうまくいかなかった時、撤退したくてもできなくなり、家賃を払い続けなければならなくなってしまいます。したがって、解約条件は必ず契約前に確認するようにしましょう。

POINT

解約条件は契約前に確認しておく

借りる期間が決められている物件は、初期費用を回収する前に追い出される

ほかに契約条件で注意しておくことはありますか？

借りる期間が決められている「定借物件」も注意が必要です。「定借」とは、契約時点であらかじめ退去日を決めておく契約方法です。借主が契約を更新したいと思っていても、貸主が了承しなければ、借主は退去しなければなりません。例えば「定借２年」なら入居日から２年後に退去させられてしまいます。

じゃあ、３年で初期費用を回収するつもりで物件を借りても、「定借２年」の物件だったら、初期費用を回収する前に退去させられてしまうということですか？

そうですよ。退去日を事前に決めない普通の賃貸借契約のことを「普通借」と呼びますが、「普通借」の場合は借主が契約更新を希望すれば、必ず更新できることになっています。仮に契約書に「貸主に迷惑をかけた場合は、借主は退去しなければならない」のような文言が入っていたとしても、日本の法律では入居者の権利が優先されます。ですから、よほどのことがない限り、貸主が入居者を追い出すことはできないようになっています。

急に出て行けと言われても困りますもんね。

借主の立場からするとそうですけど、貸主の立場に立つとそうもいきません。たとえば民泊用に物件を貸し出していたけれど、近隣トラブルなどの理由で、貸主が「民泊物件として貸し出すのをやめたい」と考えていても、貸主側に「契約を更新しない」意思があっても、借主が同意しなければ一方的に契約解除することができないのです。

契約解除したいのにできないというリスクが貸主側にあるということですね。

そういう理由もあって、貸主から「何もなければ契約を更新するので、念のため『定借』にしてください」という言い方をしてくることがあります。
「定借」で締結すると「もっと高い家賃で借りてくれる人が見つかったから」のような**理不尽な理由であっても、借主は退去しないといけなくなります。**

立地も間取りも家賃も良い条件だったのに、「定借」でなければ貸してもらえない物件は、やめたほうがいいですか？

これもシミュレーション次第ですね。定借の期間内で初期費用を回収できるかどうかで判断するようにしましょう。万が一契約期間満了時に更新してもらえなかったとしても、その時点で**初期費用をすでに回収できている見込みがあるのなら借りてもいい**でしょう。

POINT

定借物件は期間内に初期費用を回収できるかどうかで判断する

売上ゼロでも出費は止まらない最大損失を設定して早めの損切りを！

民泊事業は、収益性が高く、初期費用の投資も比較的早く回収できるビジネスですが、売上がゼロの場合でも家賃やWi-Fi代、光熱費の基本料金などの経費の支払いが続くため、リスク管理がすごく重要です。

確かに毎月赤字が続くと苦しいですよね。でも、やめてしまったらそこでおしまいじゃないですか。今月は赤字でも、来月は黒字になるかもしれないと思うと、踏ん切りをつけるのが難しそうです。

撤退する勇気も必要なんですよ。**撤退するのにも費用が必要になるので、どこまで損失を許容できるのか、あらかじめ評価しておく**ことがとても大事です。
仮に初期費用１５０万円をかけて民泊を始めたとします。毎月の固定費が12万円

の物件で、事業開始から6か月間、ひとつも予約が入らなかったとするとどうなるか……。

ぞっとしますね。考えたくない……。
損失額は、初期費用１５０万円＋72万円（12万円×6か月）＝２２２万円となります。

半年で２００万円……。
さらに、撤退するためには違約金や家具類の処分費用も追加で必要になることが多いです。それらを合わせるともっと大きい金額になります。でも、ビジネスをやるにあたっては、常にこういったリス

図表 2-3 累計の損失額

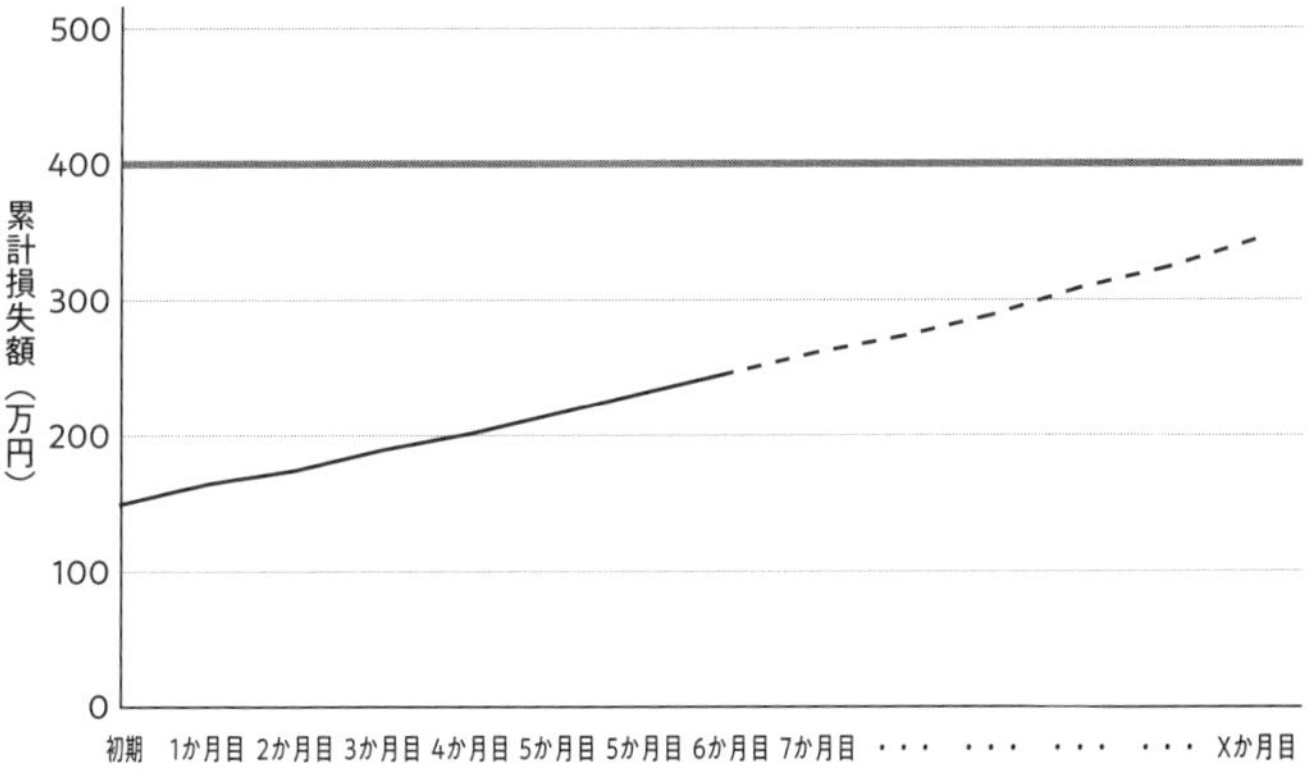

クも意識しないといけません。金額がいくらまでなら許容できるのかをあらかじめ決めておき、撤退のタイミングを見極めましょう。
図表2―3のように、累計の損失額をグラフにしておくといいですよ。

POINT

事業開始前に最悪のシナリオを想定し、許容できる最大損失額を決めておく

民泊1軒目は自分の目の届く範囲から始めるほうが良い

これから初めて民泊事業をするときは、自宅近くや職場近くなど、自分の目の届く範囲で始めるのがいいのでしょうか。

自分の目の届くエリアで収益を出せる物件があれば、それが理想です。自宅や職場の近くで民泊を運営することの最大の利点は、物件の日常的な管理が容易になることです。
清掃等のメンテナンスを自分で対応すれば、運営コストを削減し、サービスの質を高めることが可能です。また、急な問題が発生した場合にも迅速に対応できるため、ゲストからの信頼と満足度を高めることができます。

でも、地方に住んでいると、そもそも条件のいい物件があるかどうかわからない

じゃないですか？

実際のところ、「エリアにこだわっていられない」という現実もあります。エリアを限定して探していても、条件のいい物件が出なければ、いつまでも民泊を開始できません。それならば、**東京や大阪など主要エリアで物件を探し、収益を出せる物件が出たら事業を始める**ほうがいいですね。

自分の生活圏内から離れた場所で民泊を始める場合は、運営の代行をお願いすることになりますね。

少なくとも清掃は代行してもらう必要がありますね。運営の代行を依頼することで、その分経費はかかります。大事なのは、自分がどうしたいのかを決めることです。自分が積極的に民泊に関わって、自分で足を運びたいなら目の届くエリアで始める。副業で収入を得ることが主目的なら、運営代行を利用して、物件の選択肢を広げる。実際、民泊は運営のほとんどをウェブで行うことができるため、どこにいても管理することができます。僕の知人で、大阪で複数の民泊を運営し

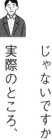

ながらタイに移住した人もいます。自分の目的に合わせて、さまざまな選択肢を検討してみてもいいと思います。

POINT

エリアにこだわるより、民泊事業でどうしたいのかにこだわる

図表 2-4　シミュレーション例

①売上	宿泊単価	20,000 円
	稼働率	80%
	稼働日数	24 日
	月間売上（宿泊単価×稼働日数）	480,000 円
②経費	家賃	140,000 円
	光熱費	25,000 円
	Wi-Fi 費用	6,000 円
	消耗品費	5,000 円
	ごみ処理費	10,000 円
	その他雑費	5,000 円
	※清掃代	
	9,000 円 / 回 × 10 回 / 月として計算	90,000 円
	※運営代行（月間売上× 15 ～ 20%）	96,000 円（480,000 円× 0.2）
	経費合計	377,000 円
③粗利（①－②）		103,000 円
④初期費用		2,000,000 円
⑤回収期間（④ / ③）		19.4 か月

第3章

良い物件は
激戦必至

民泊物件の探し方・借り方

気になる物件は内見前に押さえないと他の人に取られてしまう

良さそうな物件があったので、「週末に内見しよう」と思っていたら、すでにその物件を他の人に押さえられてしまいました……。

それは残念でしたね。今は多くの人が民泊物件を探しています。良さそうな物件の情報を手に入れたら、即行動が基本ですよ。

自分が住むための物件を探しているなら、内見して雰囲気が自分の希望に合っているかどうかを確認してから契約するべきです。しかし、民泊事業で借りるための物件であれば、自分が気に入るかどうかは関係ありません。その物件に宿泊ニーズがある限り、事業としては成功する可能性が高いからです。
すぐにシミュレーションを作成して、利益が出そうなら即申込みを入れて部屋を

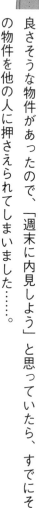

押さえるようにしましょう。

え、内見する前に申し込むのですか？

そうです。まず申込みを済ませ、その後で物件の資料と実際の間取りに相違がないかを確認したり、寸法を測ったりするために内見に行きます。同時に、該当区域を管轄する保健所と消防署へ事前相談に行きます。事前相談は、基本的に予約をしておくことが必要です。遠方や仕事の都合で、自分で行くことが難しい場合は、行政書士に代行してもらうことも可能です。
内見で現地を実際に見たら、図面にはなかった柱や梁などがあることがあります。そうなると、ベッドの数量を減らさなければならず、想定していた収益が見込めないことがあります。ほかにも、保健所や消防署へ事前に相談したら、民泊事業の許認可が得られなかったとわかることもあります。**物件の賃貸契約締結前であれば、無料で申込みをキャンセルできます**。

まず申込みをして、それから内見と同時に法的な確認をするということですね。

ただし、早い者勝ちでキャンセル料もかからないからといって、むやみに申込みを入れてキャンセルをするのは、不動産屋やオーナーに迷惑をかけることになります。きちんとシミュレーションを作成して、問題がなければ契約を進める前提で申込みを入れるようにしましょう。申込みをしてから1週間を目安に契約するかどうかを判断するのがベストです。
物件によっては、内見をしてからでないと申込みを受け付けてもらえない場合もあります。その場合は、シミュレーションと合わせて最短で内見に行けるように調整しましょう。

POINT

良い物件は早い者勝ち。気になる物件を見つけたら即行動しよう

内見で確認すべき11ポイント

内見に持っていく物や現地で確認するべきポイントを教えてください。

内見時の持ち物は、メジャー、間取り図、ペン、スマホです。現地で実際に寸法を測り間取り図に記入するのと、あとから部屋の様子が確認できるよう、スマホで動画を撮っておきましょう。

内見で確認するポイントとしては、次のページの通りです。

最後に室内の動画を撮影します。

基本的には内見前には、図面や物件資料を見てベッドの台数やレイアウトを考えてシミュレーションをしておきます。その通りになるかどうかを現地で最終確認するというイメージです。

POINT

内見では、想定した通りにベッドを置けるかどうか確認する

①図面通りかどうか室内全体を確認する
②各部屋の寸法を測る 図面上ではダブルベッド２台が入る想定だったのに、実際に寸法を測ったらダブルベッド１台とシングルベッド１台しか入らないというケースもあり得ます。想定通りにベッドを置けるかどうか、しっかり確認しましょう。
③備え付けのものがあれば、図面に書き込んで寸法も記入する
④カーテンのサイズ（幅と高さ）も測る
⑤コンセントの位置も確認して図面に記入する
⑥調理器具を選ぶときに必要な情報となるため、備え付けのコンロがある場合は、IH、ガスのどちらなのか確認しておく
⑦エアコンの有無と、エアコン設置が可能かどうかを確認する 部屋によっては、室外機を置くスペースがない、配管を通す開口がないなど、エアコンの設置ができない部屋があります。
⑧水回りを確認する 水回りが汚いと、ゲストに嫌がられます。念のため状況を確認しておきます。
⑨収納場所を確認する 消耗品を置くスペースや、布団を使う場合は布団を収納するスペースが十分にあるかどうか確認します。
⑩鍵の置き場所をどこにするか確認する
⑪物件の周辺環境を確認する 駅からの動線、経路上にある施設や、隣近所の様子も確認しておきます。

不動産屋は客を選ぶ「レスが遅い人」「手数料を値切る人」には良い物件を貸さない

ずっと物件を探していますが、民泊利用可能な物件となかなか巡り合えません……。

オーナーが民泊利用を認めてくれる物件は数が少ないのが現状です。その中でも旅行者の宿泊ニーズを満たすような物件はさらに限られてしまいます。一方で、民泊物件を探している人は増えています。つまり、**民泊物件は「売り手市場」**ということです。不動産屋からすれば、良い物件が出ればすぐに借りてくれる顧客が多く存在している状態です。

競争が激しくなる中、どのように行動していけばいいのでしょうか？
不動産屋は、貴重な民泊物件を誰に借りてもらうかを選ぶ立場にあります。佐藤さんだったら、どんな人に借りてもらいたいと思いますか？

すぐに借りてくれる人ですね。
そうですよね。決断の早い人は不動産屋にとって、ありがたい存在です。また、連絡をしたとき、すぐに返事がくる人と数日間返事のこない人がいたら、**すぐに返事がくる人とやりとりを進めたいと思うものです。**
「礼金を安くできませんか」と値引き交渉をしてくる人も、不動産屋の立場からすると、付き合いたくない人です。
民泊利用可能な物件は、その不動産屋以外にもそのうち出回ります。すると、返事を待っている間に、あるいは、値引き交渉に応じている間に、ほかの不動産屋が別のお客様にその物件を仲介してしまう可能性もあります。せっかく仕入れた貴重な民泊物件がなくなってしまうのは、不動産屋としては避けたいものです。

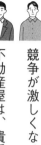

スピードが大事なんですね。
「物件を借りるのだから自分はお客様だ」などと思っていると、不動産屋から相手にしてもらえず、いつまで経っても物件を借りることができなくなってしまいます。それどころか、新着情報が入っても連絡すらしてもらえなくなります。
即レスすることや手数料をきちんと払うことだけでなく、本気で借りる気があることをアピールしたり、場合によっては人として気に入ってもらったりすることも必要になるかもしれません。

POINT

即レスは大前提、誠実な態度と本気の姿勢を見せて不動産屋と信頼関係を築こう

サイトで物件を見つけるのはダメ 掲載元に別の物件を紹介してもらう

物件が掲載されている情報サイトを見てるんですが、利益の出そうな物件がなかなか見つかりません。このまま続けていても無駄なんじゃないかと思えてきました。

条件の良い物件は、すぐに押さえられてしまうし、そもそもサイトに掲載される前に押さえられている場合もあります。サイトに載っている時点で、条件の良い物件とはいえないことのほうが多いです。

えっ、そんな……。じゃあ今まで費やしてきた時間は無駄だったわけですか。

サイトに掲載された物件の中から探そうとするだけではダメなんですよ。**いい物**

件を見つけてくる人は、自分から情報をとりにいっていますよ。

どうやって情報をとるのでしょうか？

「民泊　物件」で検索すると、民泊可能な物件が掲載されている情報サイトが表示されますよね。

はい、そうやって探しました。
民泊物件.com（https://minpaku-bukken.com/）、SUUMO（https://suumo.jp/）、MINCOLLE（https://www.mincolle.com/home/）などです。

こうしたサイトで紹介されている物件の詳細を確認すると、「取り扱い会社」「取り扱い店舗」といった名称で、その物件を取り扱っている不動産屋が明記されています。そこに直接問い合わせをするんです。

どんなふうに問い合わせしたらいいですか。

たとえば「掲載されている物件は自分の条件に合わないけれど、新しい物件が出

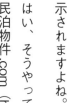

たら教えてください」とお願いして、最新の情報を入手したり、自分の希望に合う物件の紹介を依頼したりしましょう。前の項でも述べたように、物件を真剣に探していること、条件に合う物件が出たら申し込む気があることをアピールしておくことが大事です。出てくる情報を待つのではなく、こちらから積極的に取りにいきましょう。

POINT
物件探しは受け身ではダメ、自分から問い合わせて情報を取りに行く

いい物件を見つけるたった1つのコツ

各自治体が公開している「民泊届出施設一覧」を見て、すでに民泊として利用されている物件を探すという方法もあります。
届出施設の一覧は、物件の所在地を管轄する自治体のホームページで確認することができます。「自治体名　民泊　一覧」などのキーワードで検索すると簡単です。
東京都大田区と大阪市のホームページを参考例として挙げます。
・東京都大田区の場合
https://www.city.ota.tokyo.jp/seikatsu/hoken/minpaku/minpaku.html
・大阪市の場合
https://www.city.osaka.lg.jp/kenko/page/0000382418.html
「特区民泊施設一覧」（特区として指定された地域のみ）や「住宅宿泊事業届出施設一覧」を見ると、物件の所在地と物件名が表示されます。その所在地と物件名でネット検索すると、物件を紹介している仲介サイトが出てくるので、空室の状況や物件の詳細を確認することができます。

もしも同じ物件で入居者募集中の部屋があったら、民泊として借りられるかどうか不動産屋に確認するということですね。

そうです。その物件を取り扱っている不動産屋に連絡をして、**「この物件は、ほかで民泊として届出されているのを見ました。今入居者募集中のこの部屋も民泊として借りることは可能ですか」**と聞いてみましょう。すでに民泊として利用されている物件ならば、オーナーから許可をもらえる可能性は高いでしょう。

POINT 1

すでに民泊利用されている物件の空室を狙う

民泊の穴場は大阪の西成観光地が近く外国人には大人気

佐藤さん、大阪で民泊物件を探すなら、大阪市西成区は穴場ですよ。大阪市は西成区の活性化やイメージアップなどを目指してさまざまな取り組みを進めていますが、まだまだ多くの人は西成区に対して「治安が悪い」などのイメージを持っています。でも、外国人観光客にとっては、西成区は魅力のある場所なのです。

そうなんですか！どういうところが魅力なのでしょうか。

まず、空港からのアクセスが良いです。関西国際空港から南海電鉄の特急で30分～40分の場所にあります。また、主要な観光地である難波や心斎橋に近く、さらには、ＵＳＪや京都・奈良などへのアクセスも良いので、関西を観光するには便利な場所なのです。**このような立地の良さから、西成は外国人観光客に人気があ**

ります。

「立地」は、良い民泊物件である条件の一つでしたね。

それだけじゃありませんよ。「立地」が良い場所は、家賃も高くなりがちですが、西成は大阪市内の他の地域と比較して家賃相場が安いのです。だから、一戸建てなど、広めの物件も他の地域と比べて割安で借りることができます。

民泊として良い物件の条件である**「立地」「広さ」「家賃」の3つがすべてそろう**というわけですね。

外国人観光客にとっても民泊事業者にとっても、西成区は魅力的なエリアです。

POINT

先入観ではなく、交通アクセスや家賃相場などの「事実」に注目する

民泊許可がなくても、オーナーに自分からアタックする

オーナーからすでに民泊許可を得ている物件はまだまだ供給数が少なく、良い物件はすぐに押さえられてしまい、競争が激しいです。そこで、物件探しのもうひとつの手段として、「自分で開拓する」方法があります。つまり、一般の賃貸物件の中から条件の良い物件を探し、オーナーに民泊として転貸することを許可してもらうのです。

でも、それはなかなか難しいのでは……。

ただやみくもに探すわけではありません。**狙い目は「事務所利用可」「外国人可」としている物件や、空室の多い物件**です。僕のお客様で、「事務所利用可」の物件を民泊に利用できないか自分で交渉してゲットしてきた人がいますよ。「事務

所利用可」というのは、不特定多数の人の出入りを認めているということなので、交渉次第で民泊としての利用を認めてもらえる可能性があります。

直接「民泊可」となっていなくても、可能性のありそうな物件も探してみるということですね。確かに、わざわざ「外国人可」としている物件は民泊利用にも理解を示してもらえそうですね。

わざわざ「外国人可」としているのは、「空室が埋まらなくて困っている」と言っているのと同じです。グローバル化が進んだ今の時代でも、外国人に物件を貸すことを渋るオーナーは少なくありません。言葉の問題があってコミュニケーションがとりづらいとか、生活習慣の違いからくる近隣とのトラブル、家賃滞納時の保証などに不安があるからです。もちろん、外国人の入居に理解があり、積極的に外国人を受け入れようというオーナーもいるでしょう。とはいえ、基本的に「外国人可」としているオーナーの多くは、外国人を受け入れる不安よりも、空室が埋まらないことに不安を感じています。**だから、「空室にしておくくらいなら」と、民泊許可をしてくれる可能性があります。**

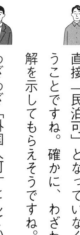

空室の多い物件も同様ですね。
物件の情報が掲載されてから何か月も経つのに借り手がついていないような物件や、空室の多いマンションやアパートは、オーナーも困っているはずです。そうした物件を見つけたら、ダメ元で民泊利用の可否を聞いてみましょう。民泊として利用することに対して、オーナーがどのような不安を持っているのかを聞き、具体的な解決策を示すことができれば、オーナーも民泊利用の許可を出しやすくなると思います。

POINT

「外国人可」や空室の多い物件の民泊利用について、オーナーと直接交渉する

人が住まない「空き家」には旅行者も泊まらない

「自分で開拓する」といえば、最近は空き家問題が話題になっていますよね。こうした空き家を借りて民泊を始めてみるのはどうでしょうか。

空き家を借りて民泊を運営するのは、僕はおすすめしませんね。初めて民泊を運営する人にとって、とてもハードルが高く、難しいからです。
なぜなら、空き家になっているのには理由があるはずです。たとえば、立地が良くなかったり、内装や水回りなどの設備が汚れたり傷んでいたりすることもあるでしょう。旅行者が訪れたいと思う観光地へのアクセスが不便だと、宿泊してもらうことはできません。また、内装や水回りのリノベーションが必要になれば、それなりの費用がかかります。

もちろん、シミュレーションしてみて利益が出るのであればいいですが、初期費用も多額になることが多いので、どれくらいの期間で回収できるのかを確認しましょう。

空き家になった実家を活用する方法はどうでしょうか？
自分が所有している空き家であれば、家賃が発生しないので、民泊として活用できる可能性はあると思います。空き家を放置して劣化させるより、少し手を加えて民泊にして、数万円でもお金になるなら、やる価値はあります。

周りに民泊があるかどうか、Airbnbで確認することも必要ですね。
調べてみたら、意外と周りに民泊があるケースもありますよ。実際、「地方にある実家を民泊にしたい」というお客様が相談に来たときの例ですが、物件が海に近い場所で、周りに民泊が何軒かありました。**自分が所有している物件で、民泊に対する需要のある場所ならば、何もしないよりはやったほうがいい**と思います。
いずれにしても、空き家を民泊に活用する場合は、旅行者にとって需要のある場所かどうかを見極めることが大切です。

POINT

空き家を活用するなら、借りるのではなく、所有している物件で検討する

許認可申請は行政書士に依頼しよう
手続きに時間がかかり逆に高くつく

物件を借りられたら、いよいよ許認可申請ですね。民泊の許認可申請は、どのように進めたらいいでしょうか？
30ページで、民泊には行政の許認可の種類に応じて3種類あるという話をしました。３６５日民泊を運営するためには、「特区民泊」または「旅館業」の許認可を得る必要があります。また、自治体によって条例で独自に定めるルールがあり、複雑です。副業で民泊を始める場合は、平日は仕事で役所に行くのが難しいこともあるでしょう。費用はかかりますが、行政書士に任せるのがいいですよ。

行政書士の方とは全然縁がないので、どうやって探したらいいですか？
「民泊、行政書士」でネット検索すると、民泊に詳しい行政書士が表示されます。

気になった行政書士のサイトをいくつか見て、事前相談をしてくれるかどうか、どの地域でも対応してくれるかどうか、依頼するまでの流れなどを比べてみましょう。

でも、サイトの情報だけだと「いいこと」ばかり書いていそうで不安です……。
実際に行政書士に依頼して民泊を運営している人から紹介してもらうのが一番手堅いですね。でも、そういう知り合いがいなければ、たとえば事前相談に申し込んで直接話をしてみるなどしてみましょう。スピード感を大事にしてくれる行政書士がいいですね。

費用はどれくらいかかりますか？
ケースバイケースですが、20~30万円はみておくといいでしょう。結構高いと感じるかもしれませんが、物件の契約をしてから開業までに、「消防設備工事」「家具・家電の購入」「部屋のコーディネート」「撮影の手配」「光回線の引込工事」「電気・水などの手配」「消耗品の購入・設置」「ハウスマニュアルの作成」「Airbnb

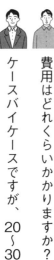

掲載」など、やらなければならないことがたくさんあります。

それだけでも時間がかかるのに、さらに法律の内容を知らないといけない……。
私には無理っぽいですね……。

規制の内容を十分に理解しないまま進めると、リスクも生じます。たとえば、古い物件を借りて、自分で時間をかけてリノベーションをして、「そろそろ完成に近づいた」というところで、僕のところへ民泊立ち上げの相談に来られたお客様がいました。物件の情報を確認していくと、なんとそもそも民泊が運営できないエリアだったことがわかりました。

そうだったんですか。それはすごい損失ですね。

初期費用、リノベーションしている期間に払った家賃、自分の労力、費やした時間を考えると大きな損失ですよね。物件の契約前にわかっていれば避けられた問題です。ここまで極端な例ではないにしても、民泊の許認可にはさまざまな書類が必要となります。書類の不備や不足があれば、保健所の窓口の方が教えてくれ

るので、修正しながら進めていくことはできます。しかし、その分時間と手間をかけることになります。

書類作成に時間がかかったり、不備があってやり直しが発生したりして開業が遅れれば、その分の家賃を無駄に支払うことになるだけでなく、本来得られたであろう売上を失うことになるんです。

ここでの手続きはなるべく自分でやろうとせずに、行政書士に任せて手続きのスピードアップを図り、できるだけ早く開業することを目指しましょう。

わかりました。行政書士に相談するときに準備しておくものはありますか？

不動産屋からもらう「マイソク」は必要です。それ以外に必要なものがあるかどうかは、事前に行政書士に確認しておきましょう。

POINT
プロの力を借りて開業までのスピードアップを図り、早く利益を出すことに専念しよう

第4章

ゲストの心理を
知れば楽勝

儲かるお部屋の作り方

数ある物件から選んでもらうには「見栄え」を良くする

たか社長、民泊を運営する物件が決まりました。私は家具のレイアウトを考えたり、小物類を選んだりするのが好きなので、これから部屋作りに取りかかれると思うと、ワクワクしています。前から作ってみたかったカントリー風の部屋にしようかな。

佐藤さんは部屋作りが好きなのですね。でも、**民泊の部屋作りは「自分が住む部屋」を作るのとは違う**ということを覚えておきましょう。佐藤さんにとって民泊の運営で大事にしたいことは、自分の好きな部屋をつくることですか。それとも売れる部屋にすることですか。

それはもちろん、売れる部屋にすることです。

それなら、**ゲストが快適に過ごせるかどうかという視点で部屋作りを考えていくことが大切**です。民泊として売れる部屋にするためには、2つの大事なポイントがあります。それは、**「見栄え」**と**「最大収容人数」**です。Airbnbなどの予約サイトに表示される大量の物件の中からゲストに選んでもらうためには、まず「見栄え」を良くする必要があります。

確かにオシャレな部屋は目を引きますね。見栄えを良くするコツはありますか。

僕が民泊事業を支援したお客様の事例で紹介しましょう。左側の写真は改善前、右側の写真が改善後です。

ずいぶん印象が変わりましたね。右側の方が明るく感じます。それに、左側の写真は、ついさっきまでそこで人が寝ていたみたいな感じがします。

そうですね。それで、明るさと清潔感を出すためにシーツを白色に変えました。

白色のシーツになると、「宿泊施設」という感じになりますね。

もう一つ、デスクまわりの写真をお見せしましょう。こちらも左側の写真が改善前、右側の写真が改善後です。

改善前は、テーブルまわりも生活感が出てしまっています。

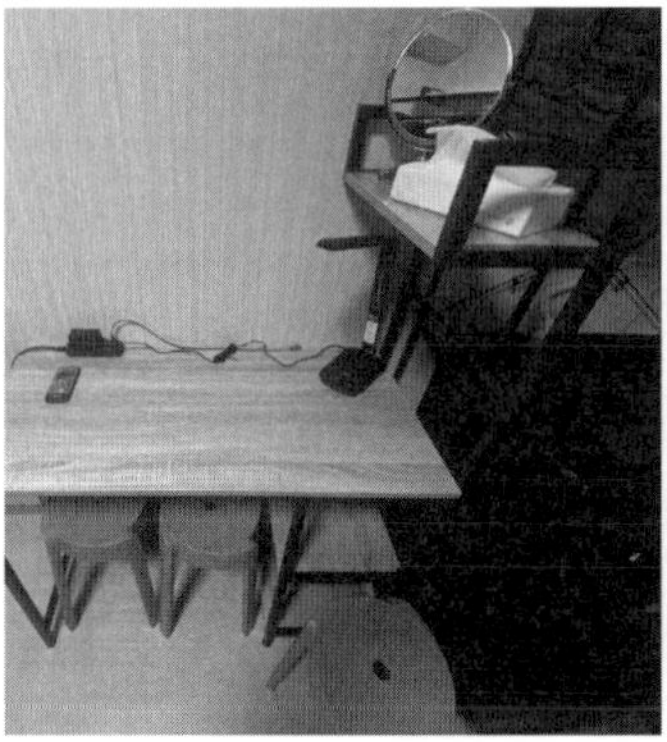

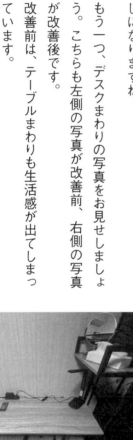

ベッドの写真もテーブルの写真も、改善前は「宿泊施設」というよりも、「友達の家」という感じがします。少しのことで印象が変わるものですね。

照明も、物件に既に設置されていたとしても、内装に合わせて変えることをおすすめします。写真撮影したときのことも考慮して選ぶとよく、僕の知り合いのカメラマンは、「ダクトレールの照明にすると、写真映えする」と教えてくれました。オレンジの色味がある電球色は空間をオシャレに見せる効果があります。

照明で雰囲気を変えるんですね。

そのほか、部屋の広さにもよりますが、壁に絵を飾ったり、観葉植物を置いたりするなど、装飾品を置くと、グッとオシャレな空間になりますね。

オシャレだと思う物件を研究して真似てみるのも良さそうですね。でも、普段仕事をしながらだと、なかなか時間をつくるのが難しいかもしれません。

そうですね。真似したい物件があっても、壁や床、建具の色合いや材質が違うと、

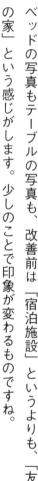

あまり参考にならないでしょう。費用はかかってしまいますが、プロのコーディネータに依頼するほうが、時間を節約でき、売上アップにつながりますよ。

プロに依頼する場合は、どのくらいの費用を見込んでおくといいでしょうか。

価格はさまざまですが、**5~8万円程度**は見込んでおいたほうがいいです。

結構な金額になりますね。

そうですね。それでも、自力でやってコストを削減しても、お客様の目に留まらず予約が入らないよりは、お金をかけて部屋の印象をグッと上げることで売上アップにつながれば、すぐに元はとれるでしょう。

また、ココナラやクラウドワークスなどでコーディネータを探せば、予算に応じて安価にやってくれる場合もあるでしょう。ただし、プロに依頼する場合も注意点があります。「オシャレさ」「見栄えのよいデザイン」だけでは「売れる部屋」にはなりません。民泊として売れる部屋にするために必要なもうひとつの要素である**「最大収容人数」**について、次項で説明します。

POINT

ゲストの目に留まることが先決、プロの力を借りて見栄えの良い部屋を作ろう

売れる部屋にするために「最大収容人数」も考慮する

「見栄え」が大事という話をしましたが、売れる部屋にするためには、最大収容人数を考慮する必要があります。**民泊は何人泊まっても同じ料金に設定することが多いので、泊まれる人数が多くて1人当たりの宿泊費が安くなると、予算を抑えたいグループ旅行者にも選んでもらいやすくなる**からです。具体的には、コーディネータのデザインやセンスは取り入れるけれども、提案されたレイアウトについては任せっきりにせず、収容人数を考慮してベッドの種類や台数を見直します。

どんなふうに見直すのですか？

たとえば寝室にクイーンサイズのベッドを1台置いて、ゆったりと贅沢な感じを

演出すれば見栄えはいいですが、これだと大人2人しか使えません。でも、少し窮屈な感じになっても収まるのであれば、ダブルベッド2台置いた方が、収容人数は4人に増やせます。

私が民泊で運営しようとしている部屋の場合は、ダブルベッド1台とシングルベッド1台の組み合わせで収容人数は3人と想定しています。でも、部屋に収まるのであれば、シングルベッドをセミダブルベッドにすると収容人数を4人に増やせますね。

そうですね。ただ、どんな場合も収容人数を増やせば良いというわけでもありません。僕の場合は、収容人数が10人を超えるような物件ならば、ゆったり使ってもらうことを優先しています。たとえば、設計上は13人収容できる部屋でも、セミダブルベッドをシングルベッドに変更したり、セミダブルベッドではなくソファベッドに変更したりしています。

そもそもセミダブルベッドを2人で使うのは窮屈ですものね。

最大収容人数が5人くらいまでは、少し窮屈でも収容人数を優先しましょう。収容人数が5人を超えて10人くらいまでは、どうするか迷うところですが、競合する物件の状況を見たり、部屋のスペースを比べたりして判断することをおすすめします。

POINT

レイアウトはコーディネータ任せにせず、収容人数を考慮して見直す

外国人は宿泊先に「和」を求めていない 布団ではなくベッドを用意するべし

外国人観光客向けならば、思いっきり「和」のテイストにした民泊はどうでしょうか。せっかく日本に来たのだから、布団で寝てみたり、畳の部屋で過ごしたり、日本らしい生活を体験してみたいのではないですか。

着物レンタルやお寺での座禅体験など、「和」の体験はさまざま場所でできます。外で「和」の体験をして、宿泊場所に帰ってきて寝る時まで「和」の体験を押し付けられたら疲れてしまうのではないでしょうか。とくに布団については、上げ下げする習慣のない外国人にとって、最初は物珍しく感じたとしても、次第に面倒に感じるでしょう。

確かに、布団の上げ下げは、日本人の私でさえ面倒くさいと感じることがありま

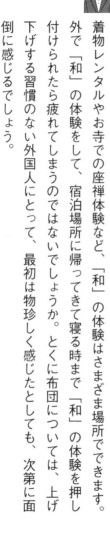

す。とくに、疲れて帰ってきたときには、布団を敷くのも面倒ですね。そのままベッドに倒れこみたいです。

普段ベッドで寝ている外国人にとって、畳に布団を敷いて寝ると、硬さで背中が痛くなるという人も多いようです。宿泊場所は「くつろぐ場所」でもあるので、自分たちの普段の生活スタイルで過ごせる場所にしておくほうがいいです。**慣れているベッドでしっかり眠って疲れをとり、翌日も元気に観光してもらえるよう、寝具は布団ではなく、ベッドを用意しましょう。**
また、リビングも床に直接座るのではなく、ソファやイスを用意しておきましょう。

POINT 1

外国人観光客にとって、普段の生活スタイルを保てる場所にしておく

予約はほぼ写真で決まる プロのカメラマンに撮影してもらおう

予約サイトに表示される大量の物件の中からゲストに選んで予約してもらえるかどうかは、写真によって決まるといっても過言ではありません。とくに、最初に表示される1枚目の写真は、ゲストの目に留まることが大事です。部屋のコーディネートと同様、プロのカメラマンに撮影してもらいましょう。
左側は自分でコーディネートしたときの写真、真ん中はプロがコーディネートして自分のスマホで撮影した写真、右側はプロがコーディネートした部屋を民泊専門のカメラマンが撮影した写真です。
カメラマンの腕が良くても、内装がいまひとつだと良い写真にはならないし、内装が良くてもカメラマンの腕が良くないと良い写真にはなりません。**売上に直接影響を与えるところなので、先行投資と割り切ってプロの力を借りましょう。**

コーディネートを依頼するときには、「提案されたレイアウトについては、任せっきりにせず、民泊運営の観点から見直しをする」という話がありました。撮影についても注意点はありますか。

次の通り、5つ注意点があります。

①集客から逆算できるカメラマンに依頼する

カメラマンといっても得意分野はさまざまです。建築物やインテリアの撮影が得意なカメラマンに依頼しましょう。カメラマンの中には、自分

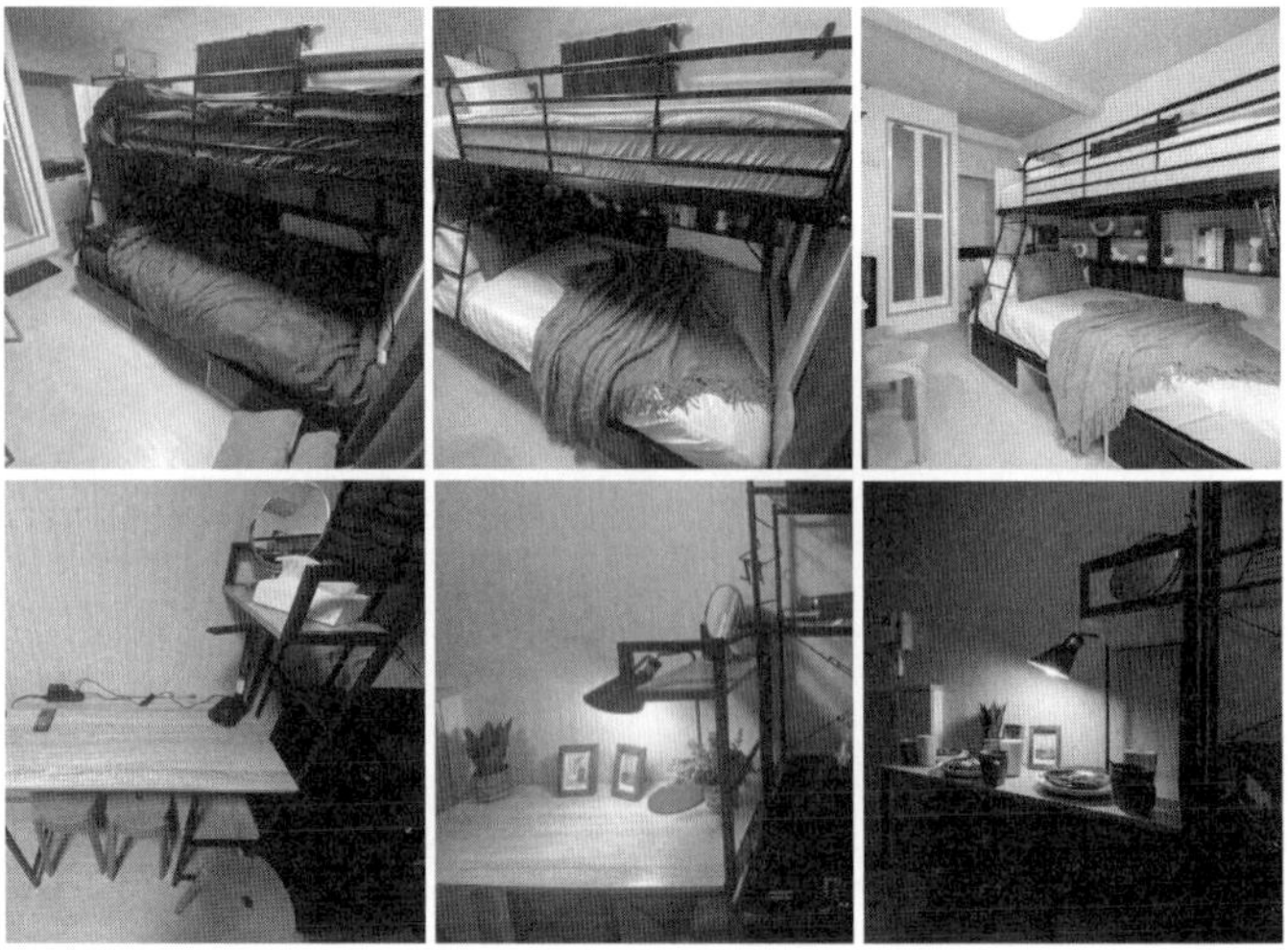

の撮影技術や撮影技法にこだわりを持つ人もいます。しかし、私たちにとって必要なのは「美しい写真」ではなく、**「集客できる写真」**です。写真家としてのクオリティを追求するのではなく、集客から逆算して考えてくれるカメラマンに依頼することがポイントです。どういう写真が「集客できる写真」なのかをよく知っている民泊専門のカメラマンなら、心強いですね。

②「明るい写真」で目を引き、違うムードの写真で心をつかむ

Airbnbなどのサイトで表示される1枚目の写真は、とにかく「明るい写真」でゲストの興味を惹くことが大事です。そして、2枚目から5枚目くらいまでの写真では、昼間の明るさとは違ったムードのある雰囲気も紹介して、部屋の魅力を伝えましょう。

③部屋で滞在している場面がイメージできる写真にする

食事をしたり、リビングでくつろいだりする場面がイメージできる写真を載せておくことも大事です。たとえば、7人部屋なのに、リビングに2人掛けのソファ

しか写っていなかったら、ゲストは「2人しかくつろげない」と感じて、予約するのをやめてしまうかもしれません。でも、実際は持ち運び可能なイスを用意しているならば、それらを使っている様子を写真に収めるなどして、「全員座ることができる」のを示しましょう。

④備品・消耗品の写真は2パターン撮っておく

ラップやキッチンペーパーなどのキッチン用品やアメニティ類などは、運営していく中で不要と判断して減らすことがあります。しかし、それらが写真に写っていると、ゲストに「あるはずのものがない」と受け取られ、クレームにつながります。将来減らす可能性のあるものが写っているパターンと、写っていないパターンの2パターン撮影しておき、後から差し替えられるようにしておきましょう。

⑤ベッド周りの装飾品は撮影後、別の場所に移動させておく

コーディネートの際に、ベッド周りに装飾品を置く場合があります。見栄えはよくなりますが、実際の運営ではベッド周りには物を置かず、装飾品は別の場所に

移動させましょう。なぜなら、寝ているときに装飾品が落ちてきてケガをする危険があるからです。
写真撮影は、撮るほうも撮られるほうも、自分のこだわりが強く出がちです。**「どんな写真ならゲストの目に留まるか」「ゲストにとってどんな情報が必要か」という視点を持つようにしましょう。**

POINT

写真撮影もゲスト目線で行う

家具家電はできるだけ安いものを選ぶ

ベッド、テーブル、冷蔵庫に洗濯機、カーテン、掛け布団……。ドライヤーもいるかな。何をどこまで準備したらよいか悩みますね……。家具、家電もひと通りそろえるとなると、費用がかさみますね。リサイクルショップで買って費用を抑えようかと考えています。

必要な備品リストは１４２ページ～に載せたので参考にしてください。また、家電はリサイクルショップで購入するより、メーカーにこだわらず安いものでよいので、**新品を購入するほうがいい**ですよ。僕のお客様に、リサイクルショップで家電を４０００円くらいで購入したものの、すぐに壊れてしまい、処分するのに８０００円近くかかったという人がいました。しかも、壊れてしまってから新しい家電が届くまでの間、ゲストにも迷惑をかけてしまいました。

冷蔵庫、テレビやエアコンなど、家電は処分するのにもお金がかかるものがあり

ますね。新品で安いものを探します。

それに、民泊で使う家具や家電は「消耗品」と考えておいたほうがいいですよ。不特定多数の人が使うものだから、使い方も人それぞれ。自分の家で使うのと違って、壊れやすいのです。第２章の経費のところでも話した通り、定期的に買い替えることを前提として、毎月５０００円程度積み立てていくことをおすすめします。

家具を選ぶ際に注意することはありますか？

脚付きマットレスは、脚の部分が弱いので、子どもが飛び跳ねたり、位置を変えようとして引きずったりすると、折れやすいです。もし脚が折れてしまうと、マットレスごと交換する必要があります。脚付きではないタイプのものを選ぶのが無難です。

POINT

家電は安いものでよいので、新品を購入する

機能の多い家電はお金のムダ

家電は価格のほかに、選ぶ際のポイントはありますか。

機能がシンプルなものを選びましょう。電子レンジなら「あたため」ができるだけで大丈夫です。

確かに。私の家にある電子レンジには、「解凍」とか「オーブン」とか、色々な機能がついているけれど、使ったことがないですね。

日本製の家電は多機能なものが多く、僕たち日本人にとっても、使い方がわからないことがありますよね。「操作ボタンがやたらに多い」とか、「操作メニューがありすぎて何を選んだらよいかわからない」という状況は、「使い方がわからない」というクレームにつながります。
エアコンならば、冷房と暖房ができて、風量や風向きの調整ができたらよく、電

子レンジならば「あたため」ができたらいい。洗濯機なら「洗剤の自動投入」とか「予約」の機能は必要ありません。**本来の目的を達成することができるだけで十分**です。

機能がシンプルなものならば、価格も安いですしね！
その通りです。ゲストにとって使いやすいものを選ぶようにしましょう。

POINT

高機能な家電は不要。機能がシンプルなものを選ぶ

インターネットは固定回線にしよう

Wi-Fiも準備をしておく必要がありますね。
スマホやパソコンを持ち歩いている人がほとんどですから、Wi-Fiは必須ですね。基本的には、光回線を引き込み、**固定型のWi-Fiを設置**しましょう。容量制限もなく、通信回線も安定しているので、ゲストはストレスなく利用することができます。

モバイルWi-Fiは、持ち運びができるのでゲストに喜ばれそうですが……。
モバイルWi-Fiは持ち運べるため、外出先でも使用できるというメリットがあります。光回線の引き込みのような工事も必要ありません。しかし、データ容量の上限が決められていることが多く、通信速度に制限がかけられることがあります。通信が安定しなかったり、速度が遅かったりするとストレスになるので、クレー

ムにつながりやすくなります。紛失のリスクもあります。

光回線を引き込むとなると、工事が必要になりますね。

事前に物件のオーナーや管理会社に確認をしてから、工事の申し込みをしましょう。申し込んですぐに工事に来てくれるわけではないので、**いつまでに使えるようにしておきたいのか、スケジュールを明確にして動くことが大事**です。

また、固定にしろモバイルWi-Fiにしろ、ルーターの最大同時接続台数も確認しておきましょう。

POINT

導入の手間はかかるが、インターネットは光回線で通信の安定と速度を確保する

備品・アメニティを充実させても、売上に繋がらない

日本と言えば「おもてなし」ですよね。ゲストが快適に過ごせるように、備品やアメニティをそろえなくては！　とはいえ、どこまでそろえたらいいか悩みますね。

自分がどこまでやりたいかによりますね。たとえば、民泊を1軒だけ運営しているとか、家主居住型の民泊ならば、できるだけ手厚くサービスするのも一案です。ただ、手厚くする分、手間も管理コストもかかります。副業で民泊を運営している場合は、自分で動ける時間も限られていますし、複数の物件を運営している場合は、管理しきれなくなる可能性もあります。僕も運営をしながら、少しずつ見直しをしてきました。

具体的にはどういうところを見直したのですか。
まず僕の運営している民泊で置いていないものを挙げていきましょう。

・使い捨てのヒゲソリ、使い捨てのボディタオル、使い捨てのヘアブラシ
・キッチン、トイレ、洗面台のタオル
・使い捨てスリッパ
・柔軟剤
・コーヒー、お茶類
・油、調味料
・サランラップ、キッチンペーパー、アルミホイル

油や調味料は食品衛生面の観点から置かないようにしています。それに、ゲストが買ってきて置いたまま帰ったのか、もとから置いてあったものなのかわからなくなることがあります。

サランラップやキッチンペーパーなどは、「なくなったから補充しに来て」と言われることがあり、対応しきれなくなって置くのをやめました。キッチンペーパーは、手を拭くのに使う人もいるので、すぐなくなってしまいます。

今まで運営していて、**これでクレームがきたこともないし、売上に影響したわけでもありません**。

タオルはどれくらい置いておけばよいでしょうか？
僕の場合、タオルは1人につきフェイスタオル1枚とバスタオル1枚にしています。2泊以上になる場合は2枚ずつ置いておくと、より親切かもしれません。

逆に置いておくとよいものはありますか。
炊飯器です。イスラム教徒の方は、自分たちで材料を買ってきて民泊で自炊することが多いので、炊飯器を置いておくと喜ばれます。
備品や消耗品は、増えれば増えるほど、掃除も手間がかかるし、管理が難しくなります。**ホスピタリティも大切ですが、自分が無理なく続けられることも大切**で

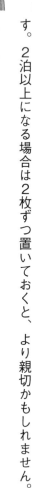

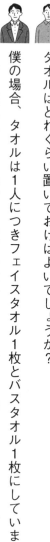

す。最初は最低限必要なものをそろえれば大丈夫です。そして、運営をしながら「もう少し充実させたほうがよいかな」と思ったら種類や数を増やせばいいし、逆にやってみていらなかったものがあれば減らしていけばいいのです。

POINT

最初は最低限必要なものをそろえ、運営しながら見直す

図表4-1 備品・アメニティリスト（例）

家具	□ソファまたはソファベッド
	□コーヒーテーブル
	□ダイニングテーブル
	□カーテン（防炎）
	□ベッドテーブル
	□テレビボード
	□アクセントクロス（剥がせるもの）
寝具	□ベッド
	□マットレス
	□マットレスプロテクター
	□掛け布団
	□敷布団（※必要な場合のみ）
	□枕
	□座布団
	□リネン類（枕カバー、シーツ）
	□フェイスタオル
	□バスタオル
	□バスマット
家電	□洗濯機
	□冷蔵庫
	□電子レンジ
	□ケトル
	□炊飯器

家電	□コンロ（備え付けがない場合のみ）※ IH のほうが火災リスクを減らせる
	□テレビ
	□ドライヤー
	□天井照明（各部屋）
	□スタンドライト
	□ベッドライト
	□エアコン
	□ Wi-Fi ルーター
装飾品	□ラグ（防炎）
	□クッション
	□ベッドスロー
	□絵画
	□フェイクグリーン
	□その他小物
備品	□ハンガーラック
	□ハンガー
	□ゴミ箱（45L サイズを 2 ～ 3 個＋小さいサイズを必要に応じて）
	□ティッシュボックス
	□サニタリーボックス
	□鍋
	□フライパン
	□包丁

備品	□まな板
	□フライ返し
	□お玉
	□水切りカゴ
	□カトラリートレー
	□カトラリー（箸・フォーク・スプーン・ナイフ・ティースプーン等を人数分）
	□食器（プレート・ボウル・コップ・カップ等を人数分）
	□洗濯カゴ
	□洗濯ばさみ
	□洗濯ハンガー
	□物干し竿
	□延長コード
	□3口電源タップ（平型）
清掃道具	□掃除機
	□ぞうきん（特区申請の際に必要）
	□フローリングワイパー
	□粘着クリーナー本体
	□トイレブラシ
	□バススポンジ
	□キッチンスポンジ
消耗品	□フローリングワイパー交換シート
	□粘着クリーナー用替えテープ

消耗品	□使い捨て歯ブラシ
	□トイレットペーパー
	□ティッシュ
	□シャンプー
	□コンディショナー
	□ボディソープ
	□ハンドソープ
	□食器洗剤
	□洗濯洗剤
	□風呂掃除用洗剤（トイレ掃除用にも使用可）
	□排水口水切りネット
	□ゴミ袋
	□サニタリー袋

第5章

集客不要で手間要らず

予約が埋まるサイトの作り方

民泊は集客不要、Airbnbに登録するだけで予約が勝手に入ってくる

佐藤さん、物件の内装も終わり、いよいよゲストをお迎えできるようになりましたね。早速、「Airbnb」に登録していきましょう。第2章（58ページ）で紹介したとおり、「Airbnb」は民泊を対象にした予約サイトです。民泊を運営する側（ホスト）と民泊施設を探しているお客様（ゲスト）を結びつけるプラットフォームで、世界中の２２０を超える国と地域で利用されています。

自力ではつながることの難しい海外のお客様とも、こうしたプラットフォームを利用してつながることができるのは嬉しいですね。

副業や起業している人の中には、「集客」に悩んでいる人も少なくありません。でも民泊は、「Airbnb」のようなプラットフォームを利用すれば、自分で時間と

労力をかけて集客する必要はありません。もちろん、サイトの利用料（サイトによって異なるが、売上の数%〜十数%程度）は発生しますが、登録して物件を掲載すれば、**問い合わせや予約は勝手に入ってきますよ。**

それはありがたいですね。早速登録したいのですが、操作は難しいですか。
とても簡単です。アカウントの作成と物件の登録に必要なものは、次のとおりです。

・本人確認に関するもの：氏名、住所などの個人情報、身分証明書の写真、顔写真
・許認可に関するもの：旅館業の場合は許可証の写し、特区民泊の場合は認定証の写し、民泊新法の場合は、標識の写しなど「届出番号」を裏付けるもの
・物件の写真

POINT

「Airbnb」を使えば時間と労力をかけずに外国人観光客の集客が可能になる

予約が埋まるサイトの作り方①すべての項目を埋める

物件情報の登録の前に、「Airbnb」を使ううえで覚えておくといい用語が3つあります。**「リスティング」**は「掲載する物件」、**「ゲスト」**は「お客様」、**「ホスト」**は「民泊の運営者」を指すので、覚えておいてください。
さて、ここでは、「Airbnb」に数多く掲載されている物件の中で、より多くのゲストに自分の物件を見てもらえるようにするためのコツを3つ紹介します。ひとつめのコツは**「すべての項目を埋める」**です。つまり、「入力必須ではない項目を含めて、すべての項目を入力する」ということです。

すべての項目を入力することで、具体的にどんなメリットがあるのですか?

「Airbnb」のアルゴリズムがどうなっているのか、具体的にはわかりませんが、「項

目があるのに入力されていない」というよりは、「項目すべてに情報が入力されている」ほうが、ゲストに対する情報の質が高いと判断され、検索上位に表示される可能性が高まるのではないかと、僕は考えています。

検索したときに、トップページに掲載されると、ゲストに見てもらえる可能性が高くなりますね。「言語の追加」というのがありますが、日本語以外の言語も追加したほうがいいですか？

追加したほうがいいです。「Airbnb」には、ゲストの国の言葉に自動翻訳してくれる機能がありますが、少なくとも、英語、中国語（簡体字）、中国語（繁体字）、韓国語は追加しておきましょう。また、東南アジアからの観光客も多いので、僕はタガログ語、ベトナム語、タイ語も追加しています。翻訳はChatGPTなどのAIを活用するといいですよ。

POINT

言語の追加も含めて、入力できる項目はすべて入力する

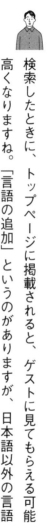

予約が埋まるサイトの作り方②
物件の「推しポイント」がわかるタイトルをつける

リスティングのタイトルには、物件名を書いたらいいですよね。えーと、「東京ABCアパートメント」……。

佐藤さん、ちょっと待って。**リスティングのタイトルは重要**です。そのタイトルで、物件の魅力や推しポイントがゲストにパッと伝わりますか。

魅力や推しポイント？　東京にあるのはわかりますが、確かにどんな物件なのかよくわからないですね。

特徴が伝わらないので、もったいないですよね。「地下鉄浅草駅から徒歩5分／エレベータ有／最大4名／高速Wi-Fi完備／スカイツリーから近い」のように変えてみたらどうでしょうか。

どんな物件なのか、イメージがしやすくなりました。

詳しい説明を読まないとどんな物件なのかがわからないより、タイトルで物件の主な特徴がわかれば、ゲストにクリックしてもらいやすくなります。

推しポイントを簡潔に紹介することが大事ですね。

そうです。また、主要な駅から徒歩10分以内なら、それはセールスポイントになるので、タイトルに含めておくといいですよ。

POINT

タイトルは物件の魅力を並べて目立たせる

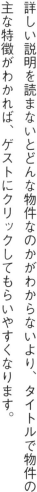

予約が埋まるサイトの作り方③ アクセス情報や周辺観光情報も入れる

次はリスティングの説明ですね。この部屋でとくに私がこだわったのは、タオルとか寝具なんですよ。できるだけ肌触りのいいものをと思って、探しに探して選んだものだから、ここはアピールしておきたいな。

佐藤さん、タイトルと同様にリスティングの説明文も**「ゲストが知りたいと思うこと」を考えるのが大事**ですよ。「肌触りのいいものを使ってほしい」という佐藤さんの気持ちは尊いですが、タオルや寝具がどこのものかをゲストは知りたいと思うでしょうか。佐藤さんは宿泊先を選ぶとき、タオルや寝具に対する宿泊施設のこだわりを重視しますか。

気にしていないです……。

自分がゲストとして民泊を選ぶとしたら、どんな説明があると安心するのか、ゲスト目線になってみることが大事です。そのうえで、物件の特徴や魅力を具体的に書きましょう。「Airbnb」に掲載されているさまざまなリスティングの説明文も参考にするといいですよ。
説明文には、部屋の特徴だけでなく、交通アクセスや周辺観光情報も入れておくと予約が入りやすくなります。具体的には、最寄り駅から徒歩何分なのか、周辺にはどのような観光地があるのか、それらの観光地へのアクセス方法などの情報です。そのほか、スーパーやコンビニ、ドラッグストアには徒歩何分で行けるかといった情報もあると親切です。
説明文は上限500文字ぎりぎりまで、しっかり書くことをおすすめします。

タイトルや説明文は、「Airbnb」に入力しながら考えるより、事前に書く内容を考えてワードなどに書いておくと、作業効率が上がるような気がしました。

そうですね。タイトルや説明文は重要なので、その場で考えるよりも事前にしっかり考えてつくっておくことをおすすめします。物件の特徴や推しポイントなど

は、こだわりが強いほど「自分目線」になりがちなので、できれば友人や家族など、ほかの人に「ゲスト目線」で客観的に見てもらうといいですね。

POINT

物件の特徴だけでなく、ゲストにとって必要な情報を載せる

クレームになりそうなことは、予約ページの注意事項欄に明記しておく

物件の推しポイントだけでなく、クレームになりそうなことも明記しておきましょう。そうすることで、チェックイン後にゲストからクレームが入るのを回避することができます。

具体的にどのようなことがクレームになりやすいですか？

実際にあったクレーム例を図表5―1に示します。

図表5-1　実際にあったクレーム例

・２階以上の物件だが、エレベータがなく、階段での上り下りになる
・テレビは置いてあるが放送は映らず、インターネットのみの使用である
・セミダブルベッドなので大人２人だと窮屈
・大通りに面しているので騒音や振動がある
・すぐ近くに墓地やゴミ処理場、風俗店など「自分の住む場所の近くにあってほしくないと思う施設（嫌悪施設）」がある
・（築年数の古い木造の物件で）独特なにおいがして不快だった
・最寄り駅の出口にエレベータがなかった
・最大人数で利用したら狭く感じた
・グループ旅行で来たが、鍵がひとつしかないため、別行動ができなかった
・連泊なのにタオルの枚数が少ない
・駅からの道順がわかりづらい
・清掃が不十分（髪の毛が落ちていた、寝具にシミがあった等）
・チェックイン時間に到着しても清掃中だった

こうした内容は、写真だけではわからないので、きちんと書いておくことが大切です。ゲストはこうした状況があることを知ったうえで予約をするわけなので、クレームに発展するのを防ぐことができます。

また、騒音に対しては耳栓を用意したり、墓地や風俗店などの前を通らずに部屋に行けるルートがあるならば道順を教えたりするなど、対策をとっていることがあれば、その内容もあわせて明記しておくと、良いでしょう。

なお、図表5―1に示したクレーム例のうち、清掃の不備に関するものはよくあるクレームですが、これは運営上の問題です。予約ページに先回りして書いて防ぐのではなく、チェック体制を強化するなど、運営面で改善していくことが必要です。

POINT

マイナス面も明記して、チェックイン後のクレームを回避する

写真は「すべての部屋」「設備」「アメニティ」「水回り」を用意する

サイトにアップロードする写真は、「すべての部屋の全体像」「洗濯機や冷蔵庫などの設備」「タオルなどのアメニティ」「バスルームやトイレ、キッチンなどの水回り」の様子がわかるものを用意しましょう。

写真の枚数は多いほうがいいんですか?

重複しなければ、枚数は多いほうがいいですよ。調理器具や食器類の写真も忘れずに撮影してアップロードしておきましょう。何が備え付けられているのか、文字だけでなく写真で確認できると、ゲストは安心します。

ラップやキッチンペーパーなどのキッチン用品や、アメニティ類の中で、将来減

らす可能性があるものの写真は注意が必要でしたね。
将来減らす可能性のあるものが写っている写真と、写っていない写真の2パターン用意しておき、実際に減らしたときに、写真も忘れずに差し替えましょう。
また、水回りは水アカやくもりがあると見栄えが悪くなります。洗面台や浴室の鏡、蛇口やシンクなどのステンレスはピカピカになっていると、清潔感があって見栄えもよくなります。撮影時に注意することですが、水回りはとくに清潔感を大事にしましょう。

わかりました。ほかに注意点はありますか？
第4章でも述べましたが、予約が埋まるかどうかは写真次第と言っても過言ではありません。**とくに1枚目の写真は重要です。**検索画面のページに出たときに、他の多くの物件に埋もれてしまっていないかをチェックしたり、予約の埋まり具合がよくなければ、別の写真に入れ替えたりして様子を見ていきましょう。

POINT

写真は多くの情報を伝えられる手段、できるだけ多くの写真を載せる

「今すぐ予約」設定をONにしないと、他の施設を予約されてしまう

「予約の確定方法を決める」というページで、〝「今すぐ予約」を使う〟という選択肢と、〝リクエストを承認／却下する〟という選択肢が出てきました。これはどういう意味ですか？

空室があったときゲストがすぐに予約できるのが「今すぐ予約」です。一方、「この日に宿泊したい」というリクエストをホストが承認しないと予約できないというのが、〝リクエストを承認／却下する〟という機能です。

ゲストの立場からすると、すぐに予約できるほうがいいですよね。

そうです。ホストからの承認を待つのはゲストにとってはストレスになります。

いくらその物件が気に入ったとしても、「待つのは面倒だから、別の物件にしよう」という気持ちになりかねません。

ということは、**〝「今すぐ予約」を使う〟の設定をしておくのがいい**ですね。ちなみに、〝リクエストを承認／却下する〟は、どんなメリットがあるのでしょうか？

リクエストしてきたゲストがどんなゲストなのかを、事前に知ることができる点で、ホストは安心できます。たとえば、自宅の空き部屋を民泊として運営するような場合、自分が住んでいる家にどんなゲストが宿泊するのかわからないのは不安に思う人もいるでしょう。
副業で民泊を運営する場合は、事前にゲストがどんな人なのかを調べる時間もなかなかつくれません。「今すぐ予約」設定を選択して、少しでも売上につなげていくようにしましょう。

POINT

ゲストを事前確認できないリスクは捨てて、「今すぐ予約」で売上につなげよう

売上はプライシング（値付け）で決まる周辺相場と見比べて毎日調整しよう

宿泊料金は、シミュレーションの結果をもとに価格を設定しますが、運用していくにあたって大切なことがあります。それは、価格の調整です。**予約状況を見て、価格を毎日調整**しましょう。

毎日ですか……（うんざりした顔）。

運営している物件が1つや2つだったら、1日10分もあればできますよ。

（ほっとした顔で）1日10分だったらできそうです。具体的には何をすればよいですか？

たとえば、どんどん予約が入ってくるようなら、少し価格を上げてみたり、逆に

なかなか予約が入らないなら、少し価格を下げてみたりといった調整です。また、「2週間後の予約は埋まっているのに、来週は予約が入っていない」というようなとき、価格を下げて予約を埋めることを優先するとか、逆に近くでイベントがあって需要が増えていたら価格を上げるという場合もあります。
最初は、同じエリアにある似た条件の物件の状況を見ながら価格を調整するのがいいですね。売上目標の達成を目指して、価格調整をしていきましょう。

運営代行会社に依頼することも検討していますが、押さえておくべきポイントはありますか？

運営代行会社に依頼するとき、「稼働率」で話をする人が多いですが、極端な話、単価を下げれば稼働率は上がります。稼働率だけを気にしていると、「稼働率は90％なのに、目標の売上が得られなかった」ということもあり得ます。「目標とする売上」を目指して運営してもらうようにしましょう。

POINT

毎日こまめに価格調整を行い、売上目標の達成を目指そう

Airbnb以外の旅行サイトも併用する

「Airbnb」以外のプラットフォームもあるのですか。

「Booking.com」「agoda」などがあります。「Airbnb」に掲載して運営しているけれど、販路を拡大して集客数をアップしたいなら、これらの旅行サイトにも物件を掲載し、併用して運営していくという手段もあります。
ただし、複数の旅行サイトに掲載すると、ダブルブッキングのリスクが発生します。複数のサイトを自動で一元管理するツールを利用すれば、こうしたリスクは回避できます。
初めて民泊を運営するなら、僕は「Airbnb」だけで十分だと思います。

複数のサイトを使うことで管理の手間が増えるし、一元管理ツールを導入すれば、その分の経費が発生しますね。

そのとおりです。いたずらに経費を増やさないほうがいいですね。はじめは「Airbnb」でしっかりと運営して実績をつくり、2軒目、3軒目と物件が増えたときに、複数サイトへの掲載と、サイトの一元管理の導入を検討したらいいと思います。

POINT

複数のサイトを併用すれば集客数アップを狙えるが、最初は「Airbnb」だけで十分！

第6章

トラブルがあっても
準備があれば安心

ゲスト対応のやり方

自動送信メッセージと定型文の登録で、日中の対応も楽々こなせる

「Airbnb」に物件を登録して、いよいよ公開となるとドキドキします。

これで全世界の人に見られると思うと、ドキドキしますよね。実際、公開されると、すぐに問い合わせや予約が入ってきますよ。ゲストからの問い合わせには、できるだけ早く返信しましょう。そうしないと、ほかの物件にいってしまうことがあるからです。

メッセージをマメにチェックしないといけないですね。予約が入ったときやチェックイン日が近づいてきたときの案内など、その都度対応するとなると手間もかかるし、うっかり忘れてしまいそうです。

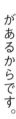

大丈夫ですよ。「Airbnb」には**「自動送信メッセージ」**という機能があるので、これを使えば作業を自動化できて、日中仕事をしながらでも対応することができますよ。自動返信でメッセージを送るタイミングと内容は、次のようにするといいでしょう。

①予約確定後すぐにお礼メッセージを送る

ゲストとの関係を築く第一歩です。予約のお礼と、今後の案内について連絡することで、ゲストに安心してもらいましょう。
○文例
「ご予約いただき、ありがとうございます。入室方法については、チェックイン前日までにご案内をお送りします。ご質問などがあれば、お気軽にお問い合わせください」

②チェックイン前日までに入室方法などの案内を送る

チェックイン日のリマインドと、ゲストがスムーズにチェックインできるよう、案内を送ります。チェックインの前々日か前日くらいに送るのがおすすめです。チェックイン方法や現地までの道順などを説明した資料は、事前に作成しておきましょう。僕の場合は、その資料をGoogleドライブなどに保存しておき、そのURLをメッセージとともに送っています。
◯文例
「チェックイン前日になりましたので、場所と入室方法についてご連絡します。こちらのURLをクリックし、詳細をご確認ください」

③チェックアウト当日の朝、チェックアウトのリマインドとお礼を送る

チェックアウトの当日、チェックアウト時刻のリマインドとお礼のメッセージを送ります。あわせて、レビューへの投稿も依頼します。
◯文例
「チェックアウトは○時までになっております。ご滞在いただき、ありがとうございました。お忘れ物のないようにお気をつけてお帰りください。また、もし気

持ちよく過ごしていただけたなら、星5のレビューを書いていただけると嬉しいです」

自動送信なら、手間も減らせるし、連絡漏れを防ぐことができますね。
はい、うまく使いましょう。具体的なメッセージの入力方法などは、「Airbnb」のサポートページに説明があるので、参考にしてください。

POINT

予約確定時、チェックイン前日、チェックアウト当日のメッセージは自動送信機能を使って手間と連絡ミスを減らす

英語ができなくても大丈夫 Airbnbが自動的に翻訳してくれる

私は英語ができないので、ゲストとのやりとりがスムーズにできるのかどうか、不安です。

心配ないですよ。１５１ページでもお話したように、「Airbnb」にはゲストの国の言葉に自動翻訳してくれる機能があります。こちらから送ったメッセージは、ゲストの国の言葉に翻訳されるので、日本語のままで大丈夫です。ゲストから送られてきたメッセージも、日本語に翻訳されて表示されます。時々、少し言い回しのおかしい日本語になっていることもありますが、理解するのに困ることはありません。
場所や入室方法の説明資料は、グーグル翻訳かChatGPTなどのＡＩを使って翻

訳することができますよ。

でも、ゲストから直接電話が来ることもありますよね。そういうときは、だいたい何か問題が起きているとか、緊急の場合じゃないですか。何を言っているのかわからなくてオロオロしていたら、ゲストの怒りを買ってしまいそうです。

確かに直接電話がかかってくることはあります。でも、慌てることはありませんよ。**電話ではコミュニケーションすることが難しいことを伝え、用件をメッセージで送ってもらう**ように伝えましょう。こんな風に言えばいいですよ。
例：My English is not so good. Can you send me a message instead?
メッセージなら記録に残るので、次に同様なことがあったときの参考になるし、マニュアルに反映していくことも簡単にできます。

POINT

ゲストとのやり取りは、翻訳機能が使えるメッセージを活用する

現地対応はほぼ不要
トラブルは遠隔で対処できる

トラブル対応で現地に行かなければならないことってあるんですか？
頻度は多くありませんが、長く民泊を運営していると現地に行かなければならないこともありました。副業で民泊を運営していたり、遠方にある物件を運営していたりすると自分が駆けつけるのは難しいので、そういう場合は、家族や友人に頼むとか、現地への駆けつけを代行してくれる会社などに委託することになります。

実際にあったトラブルは、どんなものがあるんですか？
チェックイン時のトラブルが一番多いです。具体的には、「鍵がない」「鍵の場所

がわからない」といったトラブルです。入居中に起こるトラブルは、「エアコンが暖かくならない」「ティッシュがなくなった」といった内容でした。ほかには、騒音などで近隣の住民からクレームの連絡があったときです。

ただ、**大半のトラブルは現地に行かなくても解決できます**。たとえば、「鍵がない」「鍵の場所がわからない」という問題は、事前にゲストに送る「入室方法」の説明資料で、写真なども入れてわかりやすくしておけば回避できることが多いです。

「エアコンが動かない」などの設備の問題は、自分が駆けつけたところで直せるとは限りません。「業者を手配します」「明日の午前中に修理します」のように、対応内容や対応状況をこまめに伝えるほうが、ゲストも安心するでしょう。

「ティッシュがなくなった」というような消耗品の場合は、ゲストに手間をとらせてしまう形にはなりますが、「その分の代金は値引きするので、申し訳ありませんが近くのコンビニで買ってもらえますか」というように、ゲスト自身に対応してもらう方法もあります。

チェックインに関する問い合わせやトラブルは、事前に案内する説明資料を充実

させておくことで、かなり防げそうですね。

問い合わせを受けて、「こういうことがわかりにくいのか」と気づくこともたくさんあるので、説明資料は都度アップデートしていくといいですね。

「道に迷った」「場所がわからない」「入口がわからない」といった問い合わせもありがちです。住所とGoogleマップのリンクだけではなく、最寄り駅から物件までのルートと、目印になるものの写真を入れておくとわかりやすくなります。

たとえば、地下鉄の駅から地上に出たときに、どの方向に進めばよいかわからなくなることがありませんか。そういうとき、出口から見える景色の写真と進行方向を記入したものがあると、迷わずにすみます。

また、ホテルや旅館と違って、民泊は大きな看板をかかげていないし、特徴的な建物ではないことが多いため、目の前に来ていても「この建物だろうか」と不安に思うゲストもいるでしょう。**建物の外観や入口、鍵の置き場所のわかる写真**を載せておくとわかりやすいです。

キーボックスを使い慣れていない人もいるので、使い方を写真入りで示しておく

こともおすすめします。
ゲストの目線になって説明することが大事ですね。
そうです。だからこそ、旅行に行く機会があれば、ぜひ「Airbnb」を使って民泊を利用してみることをおすすめします。どんな案内や対応だったら安心できるのか、運営の参考になるはずです。

POINT

トラブルはチェックイン時に起きがち、事前の案内資料を充実させておこう

よく聞かれる質問は、日英中韓4か国語でハウスマニュアルに記載しよう

ゲストがチェックインしてから滞在中にも、問い合わせがくることがあります。よく聞かれる質問はハウスマニュアルに記載しておくと、対応の労力を省くことができますよ。言語は、日本語、英語、中国語、韓国語の4か国語で対応しておくことをおすすめします。

どんな質問が多いですか？

よくある5大質問があります。

・チェックアウトの時間
・チェックアウト後に荷物を預かってもらえるかどうか

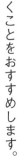

・ゴミの分別方法
・Wi-FiのSSIDとパスワード
・家電の使い方

対応方法ですが、ゴミの分別方法や家電の使い方は、写真やイラストを入れて、「何をしたらいいか」「どこを操作したらいいか」がわかるようにしておきましょう。とくに、リモコンや家電製品の操作パネルなどは日本語の表記しかないので、「運転」「停止」「冷房」「暖房」「音量」「チャンネル」などのボタンの説明を、4か国語で説明しておくといいですよ。マニュアルの一例を載せておきますね。

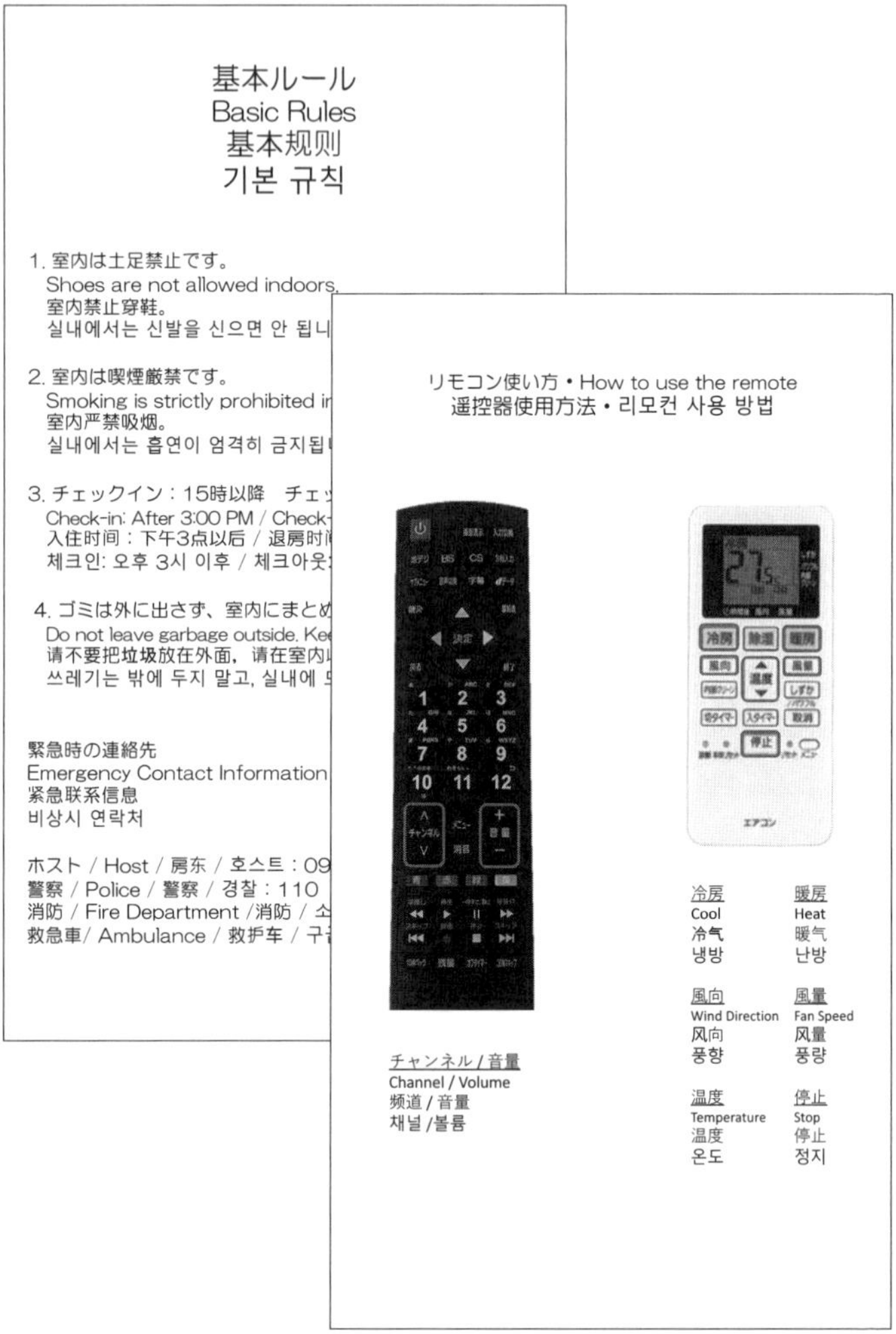
基本ルール
Basic Rules
基本规则
기본 규칙

1. 室内は土足禁止です。
Shoes are not allowed indoors.
室内禁止穿鞋。
실내에서는 신발을 신으면 안 됩니

2. 室内は喫煙厳禁です。
Smoking is strictly prohibited i
室内严禁吸烟。
실내에서는 흡연이 엄격히 금지됩

3. チェックイン：15時以降　チェ
Check-in: After 3:00 PM / Check
入住时间：下午3点以后 / 退房时
체크인: 오후 3시 이후 / 체크아웃

4. ゴミは外に出さず、室内にまと
Do not leave garbage outside. Ke
请不要把垃圾放在外面，请在室内
쓰레기는 밖에 두지 말고, 실내에

緊急時の連絡先
Emergency Contact Information
紧急联系信息
비상시 연락처

ホスト / Host / 房东 / 호스트：09
警察 / Police / 警察 / 경찰：110
消防 / Fire Department /消防 / 소
救急車/ Ambulance / 救护车 / 구

リモコン使い方・How to use the remote
遥控器使用方法・리모컨 사용 방법

チャンネル / 音量
Channel / Volume
频道 / 音量
채널 /볼륨

冷房
Cool
冷气
냉방

暖房
Heat
暖气
난방

風向
Wind Direction
风向
풍향

風量
Fan Speed
风量
풍량

温度
Temperature
温度
온도

停止
Stop
停止
정지

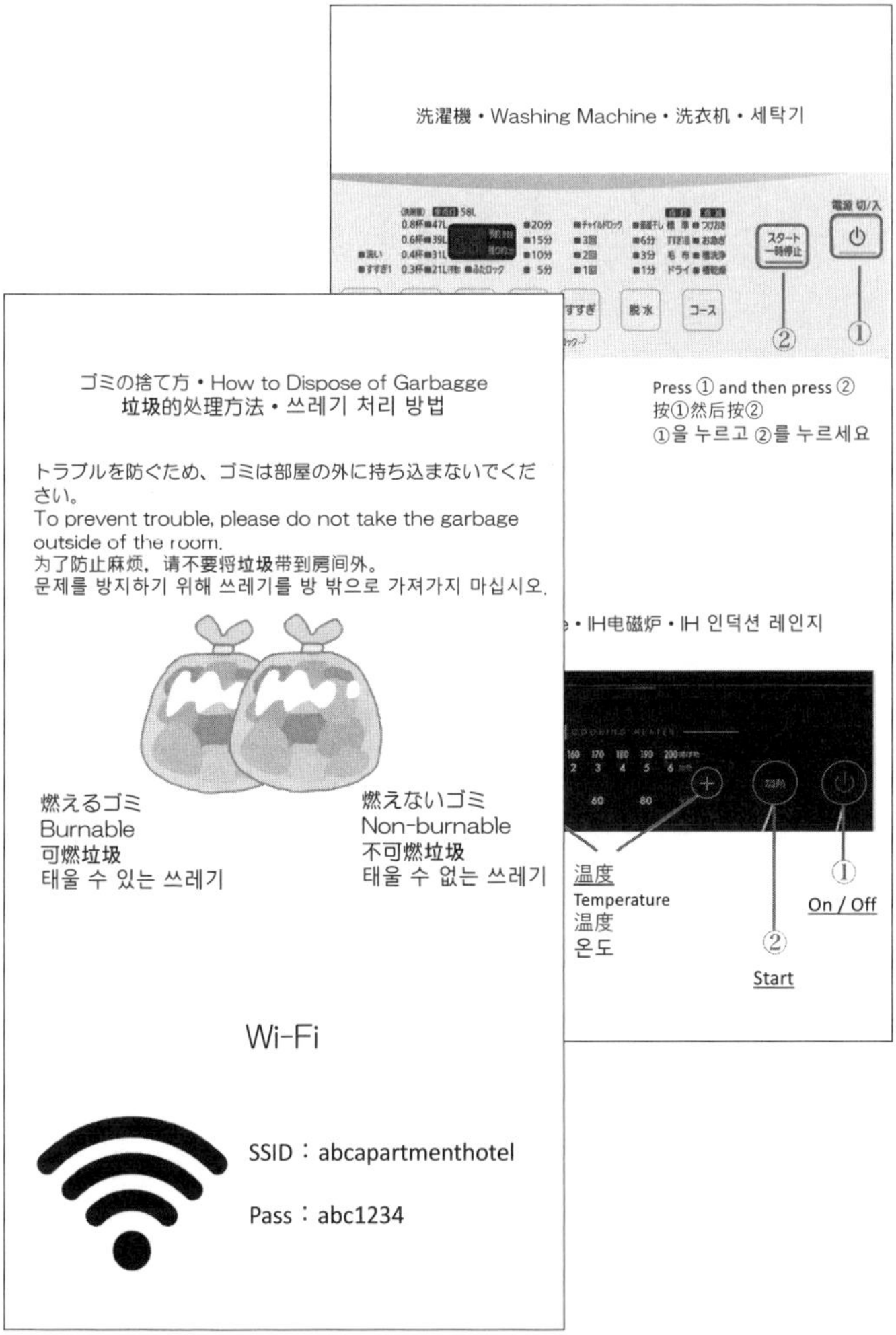
洗濯機・Washing Machine・洗衣机・세탁기
電源 切/入
スタート 一時停止
すすぎ
脱水
コース
②
①
Press ① and then press ②
按①然后按②
①을 누르고 ②를 누르세요
・IH电磁炉・IH 인덕션 레인지
温度
Temperature
温度
온도
①
On / Off
②
Start
ゴミの捨て方・How to Dispose of Garbagge
垃圾的处理方法・쓰레기 처리 방법
トラブルを防ぐため、ゴミは部屋の外に持ち込まないでください。
To prevent trouble, please do not take the garbage outside of the room.
为了防止麻烦，请不要将垃圾带到房间外。
문제를 방지하기 위해 쓰레기를 방 밖으로 가져가지 마십시오.
燃えるゴミ
Burnable
可燃垃圾
태울 수 있는 쓰레기
燃えないゴミ
Non-burnable
不可燃垃圾
태울 수 없는 쓰레기
Wi-Fi
SSID：abcapartmenthotel
Pass：abc1234

ほかにハウスマニュアルにはどんな内容を入れておくといいですか？

禁止事項や守ってもらいたいルールですね。禁煙、土足厳禁、夜間の騒音禁止、ゴミに関するルールです。そのほか、警察や消防などの緊急連絡先と初期対応の方法を示しておくことも必要です。

でも、なんだか「禁止事項」とか「ルール」ばかりのマニュアルだと読んでもらえなさそうですね……。

確かにそうかもしれませんね。では、「ゲストに喜ばれるマニュアル」というと、どういう工夫があると思いますか？

たとえば、ゲストにとっての「お役立ち情報」も入れておくと喜ばれるかもしれませんね。近くにある飲食店とか、主要な観光地へのアクセスとか……。知る人ぞ知る地元の名店とか、ガイドブックに載っていないような情報を入れておくのも面白そうです！

いいですね。そのあたりは、佐藤さんのホスピタリティを発揮してつくってみたらいいんじゃないでしょうか。ゲストが知りたい情報をハウスマニュアルに入れておくことで、マニュアルに目を通してもらうこともできそうですね。

確かに。私自身、ホテルに宿泊したとき、部屋に備え付けられている宿泊約款をしっかり読んだことがありません。まず目を通してもらうことが大事ですね。

そうですね。ハウスマニュアルはデータでゲストに送るホストもいるけれど、僕は**１００均で買ったクリアファイルに入れて部屋のテーブルの上に置いています。**そのファイルの中にWi-FiのＩＤとパスワードの情報を入れています。こうしておけば、ファイルを開いてWi-Fiの情報を確認した流れで、何となくルールにも目を通してくれるのではないかと期待しています。

POINT

ハウスマニュアルは写真や図などを利用して「見てわかる」工夫をする

「高評価レビューを書いてください」と直接伝えると、意外と書いてもらえる

172ページで、「チェックアウト日のリマインドとお礼のメッセージを送る際、レビューへの投稿も依頼する」という話がありました。ゲストに対して「星5のレビューを書いてほしい」と伝えるのは、なんだか図々しいような気がして躊躇してしまいます。

でも、いいレビューを書いてほしいですよね。それなら**遠慮は無用です**。ゲストにしてほしいことをハッキリと伝えましょう。これは結構大事なことで、「気持ちよく滞在できたならば、星5のレビューを書いてほしい」と伝えておくと、星5のレビューを書いてくれる人が増えます。

確かに。YouTubeでも最後に「チャンネル登録してね」とか「高評価お願いし

ます」というメッセージが出てくることが多いけれど、それと同じですね。

そうですね。ちゃんと伝えないと、相手は動いてくれません。
海外の民泊を利用すると、「星5の体験をしていただきます」のように、高評価レビューを促すメッセージを受け取ることはよくあります。
相手は外国人です。遠慮せずに、要望は具体的に伝えましょう。

POINT

遠慮は無用。星5のレビューを書いてほしいとハッキリ伝える！

「ベッドメイク」「水回り」「髪の毛」の3点に注意しよう

経費を削減するために、清掃を外注せずに自分でする場合は、どんなことに注意しておけばいいですか。

あまり難しく考えなくても大丈夫ですよ。佐藤さんの自宅に誰かが泊まりにくるとなったら、トイレやバスルームなどの掃除をいつもより念入りにしたり、髪の毛や埃が落ちていないか、気にしたりするでしょう。ゲストに気持ちよく過ごしてほしいから、**ゲスト目線で部屋や水回りをチェック**するじゃないですか。
民泊の清掃も基本的に同じです。ただし、見落としがちな箇所や、クレームを防ぐための注意点もいくつかあります。「ゴミ捨て」「水回りの清掃」「リネン交換」「床清掃」の4つについて、順に説明します。

①ゴミ捨て

ゴミ捨ての際は、ゴミ箱やテーブルなどに残されたゴミだけでなく、冷蔵庫の中も確認しましょう。ゲストが残していったものがあれば捨てます。また、ベランダがある物件の場合は、**ベランダも確認**します。

②水回りの清掃

水回りは一番クレームが出やすいところです。排水口の中までしっかり清掃しましょう。また、**水道の蛇口やシンクなどのステンレス部分や鏡は水垢が残りやすいので、ピカピカになるように磨きあげる**と清潔感が増します。水滴が残っているると水垢やカビの原因になるので、最後はしっかり拭きあげましょう。

トイレは便座の裏の汚れを見逃しがちなので、忘れずに掃除します。トイレットペーパーの先端は三角に折っておきます。予備のトイレットペーパーも忘れずに補充しておきましょう。

③リネン類

リネンサプライのサービスを利用せず市販のシーツ類を使っている場合は、物件に備え付けている洗濯機やコインランドリーを使って洗濯をします。ベッドメイクでは**シーツのシワをしっかり伸ばす**のがポイントです。シーツがピンと張った状態になっているだけで、清潔感が増します。

④床掃除

テレビの裏やテーブルの下、ベッドの脚があるタイプはベッドの下に埃がたまりがちです。何かの拍子に埃が表に出てきたり、ゲストが覗き込んだときに埃だらけになっていたりすると、クレームになることがあります。忘れずに清掃しておきましょう。

また、髪の毛などはたとえ1本でも落ちていたら、クレームにつながりやすいので、とくに、バスルーム、洗面台、トイレ、寝具やソファなど、念入りにチェックしましょう。
わかりました。これらの注意点は、外注する場合にも応用できますね。

そうですね。清掃の状態を確認するときに参考にするといいですね。
そのほか、清掃を外注する場合には、備え付けの備品や食器類、アメニティなどが、「どこに」「どれだけ」「どのような状態で」置かれていたらよいかがパッと見てわかるようにしておくといいですよ。たとえば、置き場所の表示をしたり、仕上がった状態の写真を貼っておいたりするなどの工夫をしているホストもいます。こうすることで、ゲストにとっても清掃業者にとっても、どこに片づけたらよいかがわかりやすくなります。

POINT 1

「ゲスト目線」になって、部屋の仕上がり状況を確認する

騒音とゴミは近隣からのクレームの元
ゲストに繰り返し周知する

近隣住民とのトラブルは避けたいところですが、どんなクレームが多いですか。
よくあるクレームは、「騒音」「ゴミの出し方」「ゴミやタバコのポイ捨て」です。近隣住民からのクレームには、再発防止を含めて、きっちり対応する必要がありますが、そもそもクレームが発生しないよう、繰り返しゲストに注意喚起しましょう。

具体的にはどのようにするのですか。
まず、「Airbnb」に掲載する際、ハウスルールや特記事項の欄に、禁止事項や守ってほしいルールを明記しましょう。たとえば、騒音禁止の時間帯を20時〜翌朝9

時に設定したり、騒音の原因となるようなイベントやパーティを不可に設定したりすることで、事前に問題を回避しやすくなります。

さらに、チェックインの案内時に送るメッセージで注意喚起するほか、184ページでも述べたように、ハウスマニュアルにも禁止事項やルールを明記して、**事あるごとにゲストに周知**しましょう。

そこまでしているのに、クレームを受けることもあるのですね。
そもそも生活習慣が違いますからね。ゲストが滞在中であれば直接注意をすることができますが、チェックアウト後の清掃をしているときに、「昨日うるさかったんだけど」と近所の人に言われて初めてわかるということもよくあります。
「ゴミ」に関しては、まず大前提として民泊から出たゴミは「事業系ゴミ」であるため、家庭から出る「一般ゴミ」と一緒に捨てることは法律違反になります。具体的な処理方法は自治体によって定めがあるので、許認可申請の際にしっかり確認しましょう。
クレームになるのは、こうしたルールが守られず、「決められた場所に捨てられていない」「指定された曜日・時間以外に捨てられている（有料ごみ処理券を貼付し行政に収集してもらう場合）」「分別されていない」などの問題があるときです。

自分もルールをしっかり理解する必要があるし、ゲストにもわかりやすく伝える必要がありますね。

そうですね。また、「敷地内や共用部にペットボトルや空き缶、タバコの吸い殻が捨てられている」とか「ベランダからタバコを投げ捨てていた」というような「ゴミのポイ捨て」に関わるクレームはよくあります。

同じクレームを受けないようにするために、どんな対策をしていますか。

改善が必要な場合は、**守ってほしいことをハウスルールに反映する**とか、「投げ捨て禁止」「ゴミは家の外に出さないでください」のような**注意書きをつくって、窓や玄関に表示する**ようにしています。

ゲストに繰り返し注意喚起することが大切なのは理解しましたが、ゲストから「口うるさいホストだ」と思われそうですね。

クレームが度重なって近隣住民の信頼を失うと、民泊の運営そのものが難しくなることも考えられます。ゲストにとっても、近隣住民から直接クレームを言われたり、警察に通報されてしまったりしたら、楽しい旅ではなくなってしまうでしょう。運営する側にとっても、夜中にクレームの連絡が入って現地に駆けつけなければならないというようなことが続くと、疲弊してしまいます。
守ってほしいルールは、遠慮せずゲストにしっかりと伝えましょう。

POINT

近隣住民、ゲスト、ホストの皆が気持ちよく過ごせるよう、繰り返し注意喚起をしてトラブルを未然に防ぐ

備品の破損があったときは「Airbnb」に相談する

第4章（133ページ）で「家具家電は消耗品」という話がありました。でも、まだ新品なのに壊れたという場合は、ゲストに弁償してもらうことはできますか。何でもかんでもホストが負担するのは納得がいかないです。

その気持ち、わかります。民泊をやっていると、備品の破損というのはよくありますが、ゲストから「壊してしまった」と連絡がくることはあまりありません。たいていの場合は、チェックアウト後に破損していることが発覚します。しかも、ゲストに連絡しても無視されたり、「そんなことは知らない」と取り合ってくれなかったりします。

僕も少し前、買ったばかりのテーブルをゲストに壊されたということがありました。

「Airbnb」のメッセージで「テーブルが壊れていましたが、何かありましたか」とメッセージを送ったのですが、ゲストからの返事は「荷物を置いただけなのに壊れた」というものでした。

明らかに嘘をついていますね……。
たぶん、テーブルの上に乗って飛び跳ねたりしたんでしょう。腹立たしい気持ちを抑えながら、「新しいテーブルの購入費用を請求させていただきます」とメッセージを送りました。でも、ゲストは「納得できないので払わない」と言ってきました。

こっちこそ納得できないですよね。
それで、「Airbnb」に経緯を伝えて相談しました。その結果、**損害保険を適用してもらうことができました**。ただ、こういう場合にいつも保険が適用されるかというと、そうとは限りません。ゲストからお金を払ってもらえず、保険も適用さ

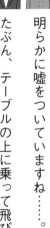

れず、ホストが泣き寝入りするというケースもよくあります。

費用を回収できるときとそうでないときでは、何が違うんですか？
……正直よくわかりません。ただ僕が「Airbnb」に連絡するときには、**事実確認をしっかりしたうえで連絡をすること、感情的にならず冷静に説明すること、備品の破損によって「次のゲスト」に迷惑をかけてしまうのを懸念していることを伝える**ように気をつけています。備品を壊されて自分も困るし、腹も立つけれど、それを「Airbnb」の担当者にぶつけても仕方がないし、逆に心証が悪くなりますよね。
備品が壊されたとき、ゲストとの間で話をしても埒が明かなければ「Airbnb」に相談するが、結果はどうなるかわからないというのが実情です。
なんだか納得できない感じですよね。

実際、明らかにゲストの過失なのかどうかわからないことのほうが多いんです。徐々に劣化していたのか、どのゲストの時から壊れていたのか、特定するのが難

しいので、ホスト側で負担して修理や買い替えを行うことになります。「家具家電は消耗品」というのは、こういう事情があるからで、急な出費に備えて毎月一定の金額を積み立てていくのが賢明です。

POINT

「Airbnb」に相談するときは破損の経緯を冷静かつ丁寧に説明する

悪いレビューを書かれたら、素直に謝罪と改善の意思を返信する

ゲストからのレビューは励みになるけれど、いい評価をしてくれるゲストばかりではないですよね。星1つをつけられたり、悪いレビューを書かれてしまったりすると、心も折れそうだし、売上にも影響しそうで怖いです。たか社長も悪いレビューを書かれたことはありますか。

ありますよ。悪いレビューを書かれると、自分を否定されたみたいに感じられて、確かにいい気分ではないですよね。

悪いレビューって、どういう内容が多いですか。

「場所がわかりにくかった」など、チェックインがスムーズにできなかったときや、

「髪の毛が落ちていた」「ソファにシミがあった」というような「清潔さに関する問題」が多いですね。そのほか、「タオルが薄かった」「エアコンの効きが悪かった」というような「備品・アメニティの問題」を指摘されることもあります。書かれて初めて知ることもあるので、これからの運営を改善するのに役立ちます。

ただ、こちらは精一杯の対応をしたのに、「対応に誠意がなかった」というようなクレームを書かれたりすることもあります。そういうときは、悲しい気持ちになったり、「そこまでのサービスを求められても……」と思ったりします。だからと言って、感情的な返信を書かないようにしましょう。

具体的にはどういう内容の返信をしたらいいのでしょうか。
不快な思いをさせてしまったことや不便をかけてしまったことに対しての謝罪と改善の意思、そしてフィードバックをくれたことに対するお礼を書きます。基本的な文例を示しますが、判で押したような定型文にならないよう、具体的な内容を添えて返信してくださいね。

○文例
「清掃に行き届かない点がありましたこと、心よりお詫び申し上げます。清掃方法の見直し、清掃後のチェック強化に努めてまいります。貴重なご意見をありがとうございました」

レビューへの返信は、レビューを書いてきた相手だけに宛てたものではないんですよ。レビューを読むのって誰だと思いますか？

どの民泊に宿泊しようかと検討している人ですね。
そうです。**これから宿泊してくれるかもしれない「次のお客様」**です。レビューへの返信内容から、ホストの人となり、ゲストに対する態度は伝わるものです。次のお客様に安心して選んでもらえるよう、誠実に対応しましょう。

POINT

レビューへの返信は「次のお客様」へのメッセージと思って書く

言いがかりレビューには、丁寧に反論する

こちらに落ち度がないのに、理不尽な言いがかりレビューを書かれることがあります。たとえば、ゲスト側の都合で当日キャンセルしたのに、宿泊料金が返金されなかったことに腹を立てて、報復のレビューを書いてくるというようなケースです。ゲスト側のルール違反に対して指摘をしたときや、備品の汚破損により修理代を請求したときなど、さまざまなケースがありますが、ゲストが悪意を持って事実無根のレビューを書いてくることがあります。

それは嫌ですね。こちらで改善できることならともかく、これは「カスハラ」じゃないですか。

そうなんです。そのままにしておくと集客に影響するので、対処する必要があり

ます。ただ、売り言葉に買い言葉のような言い争いにならないよう注意しましょう。腹立たしい気持ちはグッとこらえて、あくまでも**「事実」に基づいて丁寧に反論する**ことが大事です。
今までにあった事例を紹介しますね。

「ホストが不親切でした」というレビュー

ゲストから「タクシーを手配してほしい」と依頼されたのですが、タクシーの手配はサービスとして提供していないので断ったところ、それに腹を立てて報復のレビューを書いてきた事例です。

返信例：レビューをお寄せいただきありがとうございます。ご滞在中にタクシー手配のサポートができなかったことにより、ご不便をおかけしてしまった点についてお詫び申し上げます。当施設では、現時点でタクシーの手配を行っておらず、ゲスト様にご自身で手配をお願いしておりますが、今後のサービス改善に努めてまいります。貴重なご意見に感謝いたします。

「施設の近くにお墓があり、落ち着くことができなかった」というレビュー

こちらに落ち度がないことに対するレビューの事例です。

返信例：ご滞在中にお墓の件でご不安を感じられたこと、誠に申し訳ございません。お客様がご指摘されたお墓は、当宿から少し離れた場所に位置しており、徒歩数分の距離にあります。私たちの施設は、普段は静かな環境でリラックスできる場所として多くのお客様からご好評をいただいておりますが、今回のご指摘を踏まえ、事前にこのような情報をもっとわかりやすくお伝えできるように改善を検討いたします。貴重なご意見をありがとうございました。また機会がありましたら、ぜひご利用いただければ幸いです。

こういう返信をされたら、それ以上文句を言う気はなくなりそうです。

ゲストが不便や不満、不安を感じた状況になってしまったことには寄り添って謝

罪をするけれど、こちらには落ち度がないことを示し、改善できることがあれば改善を検討することを伝えるように心がけています。

とはいえ、レビューは「次のお客様」も見ますよね。悪意のある攻撃的なレビューが残るのは気がかりです。飲食店などの口コミでも、嫌がらせや事実無根の誹謗中傷は削除要請できたりしますよね。「Airbnb」に対して、不当なレビューの削除を要請することはできるのですか。

「Airbnb」に異議を申し立てることはできます。「Airbnb」がコンテンツポリシーに違反すると判断した場合、そのレビューは削除される場合があります。ただし、これもケースバイケースで、レビューを削除してくれないこともあります。しかし、何もしないよりはいいので、異議を申し立てることはやってみたほうがよいでしょう。

POINT

不当なレビューには事実に基づいて反論するとともに、「Airbnb」にも異議を申し立てる

高評価の称号〝スーパーホスト〟にならなくても十分収益は出せる

「Airbnb」に掲載されている物件の中には「スーパーホスト」という称号を持っている物件がありますね。どうしたら「スーパーホスト」になれるのですか。

「宿泊10件以上の受け入れ実績、または合計で１００泊以上となる宿泊３件の受け入れ実績」「総合評価４・８以上を維持」など、「Airbnb」が定める要件を満たすと「スーパーホスト」になります。四半期ごとに評価されます。

やっぱり「スーパーホスト」を目指したほうがいいですよね？

「スーパーホスト」になると、ゲストから選んでもらえる可能性が高くなるし、ゲストが検索したときに上位に表示されやすくなるといったメリットがあります

から、「スーパーホスト」になれるのなら、なったほうがいいでしょう。ただ要件のひとつである「総合評価4・8以上を維持」するのは、並大抵のことではないです。何が何でも目指さなければいけないわけでもないでしょう。

確かに、五つ星評価で4・8以上はハードルが高いですね。具体的にどう評価されればその評価になるんですか？

たとえば、10件受け入れたとしたら、8件が星5つで残り2件が星4つ以上でなければなりません。もし星3つが1件でもあったら、残り9件は星5つじゃないといけませんね。
満点のレビューをつけてもらうために、ゲストからの過剰な要求に無理して対応するということになりかねません。余計なコストがかかることもあるし、労力も増えて持続可能ではないですよね。

そうですね……。それ以外にも検索されやすい条件はあるのですか？

「スーパーホスト」ではなくても上位表示されているリスティングもあります。

これまで１３００部屋以上運営してきましたが、**「スーパーホスト」になっていないリスティングでも収益は十分に出ています**。ゲストに満足してもらうために努力することは大事ですが、無理なく続けられることも大事です。

POINT

過剰な努力をしてまで「スーパーホスト」にこだわる必要はない

第7章

民泊バブルの波に
乗り続ける!

ギリギリまで長く稼ぎ続けるコツ

情報は人からしかやってこない 民泊仲間を作り情報交換しよう

最初は何から始めていいのかわからなくて不安しかありませんでしたが、ようやく自分の民泊をオープンできるところまできました。自分で調べるのも大事だけれど、すでにやっている人に教えてもらうと、スピードも上がるし、何よりも安心感がありますね。

佐藤さん、いよいよオープンですね。おめでとうございます。実際に運営が始まると、「こういう場合はどうすればいいのだろう」と思うこともたくさんあります。
そういうときに頼りになるのが、仲間です。

悩みを相談したり、うまくいっている人の話を聞いたりできると心強いですよね。

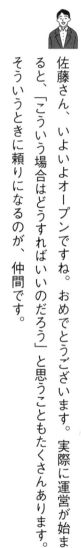

どんなビジネスにも共通しているけれど、**「成功したいなら成功した人のやり方を真似するといい」**と言われていますよね。民泊で儲けたいなら、儲かっている人に教わるのが成功への近道です。たとえば、民泊運営のオンラインサロン、「Airbnb」のホストコミュニティやSNSのコミュニティに入ったり、セミナーやオフ会に参加して、学んだり、仲間をつくったりするといいですよ。

民泊を運営している者同士って、ある意味「ライバル」じゃないですか。情報交換なんてできるんでしょうか……？

確かにお互いに「ライバル」ではあるけれど、民泊業界を盛り上げていく「仲間」でもあるんですよ。「こうしたらうまくいった」「これをやったら失敗した」「こんなトラブルがあった」というような情報を共有することで、お互いに切磋琢磨できたらいいし、その結果、**「民泊の存在価値」が上がれば、結局は自分にもメリットが返ってくる**んじゃないかな。だから僕は、「ここは言わないでおこう」みたいに情報を出し惜しみするのではなく、これまで自分が経験したことは全部しゃべっていますよ。

自分の器の小ささを感じて、ちょっと恥ずかしいです……。確かに、民泊に対しては、まだまだ認知度が低かったり、いい印象を持たれていなかったりしますしね。

それに、清掃や運営の代行を検討したときに、ネットで検索したけれど、結局どこにお願いするのがいいのかわからなかったので、そういうときに相談できる人がいると心強いですね。
清掃も運営もサービスの品質やコストに影響するけれど、ネットの情報だけでは判断できないですよね。やはり、**実際にうまく運営している人に、「代行はどこにお願いしているのか」「サービスの質はどうか」などを直接聞くのが間違いない**です。

民泊の運営をしている人だけでなく、これから検討したい人も仲間に入れてもらえますか？

もちろんです。僕も新しく立ち上げた物件で、オープン前の内見会を仲間と一緒

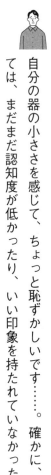

に開いたことがあるけれど、来てくれた人の半分以上は、これから検討している人でした。そういう場を通して、民泊運営のイメージがつかめると思うし、直接話を聞いたり、気になったことを質問できたりすると、次の一歩を踏み出しやすくなると思います。
積極的に横のつながりをつくっていきましょう。

POINT

うまくいっている人のやり方を真似るのが成功への近道！

清掃は自分でやればコスト大幅削減 状況に応じて清掃業者をうまく使おう

初期投資をできるだけ早く回収したいので、売上を伸ばすことはもちろん、コストもできるだけ減らしたいです。第6章（188ページ）で清掃のポイントを教えてもらったので、自分でも清掃はできるかなと思いました。ただ、本業があるので、いつも自分でできるとは限らず、なにかいいアイディアはないでしょうか？

本業があると、自分で清掃できる時間は限られてしまいますよね。ただ、工夫の余地はあります。たとえば、**自分が休みの日は自分で清掃する**というのも一つの手ですよね。

チェックアウトがあったその日に次のゲストがチェックインするという場合は、昼間に清掃しなければならないので、昼間仕事をしている人は誰かにお願いしなければなりません。でも、チェックアウト当日ではなく、翌日次のゲストがチェックインするような場合には、夜に部屋の掃除をすることができます。もちろん、職場や自宅から通える場所に物件がある場合ですが。

そうですね。それに、たまには自分の目で部屋の状態を見ておいたほうがいいかなと思うんです。壊れそうになっているものはないかとか、ゲスト目線で見て気になるところはないかとか、自分でも把握しておきたいです。

品質を担保するためにも、自分の目で見ておくのは大事ですね。清掃業者に依頼するのではなく、ジモティーなどを使って「清掃してくれる人を自分で探して雇う」という方法もあります。**清掃業者を通すより、安く手配できる**と思いますよ。

なるほど、自分で人を手配すればコストダウンできそうですね。

ただし、清掃業者に依頼した場合と違い、頼んでおいた人が仕事に穴をあけてしまうとトラブルにつながるというリスクがあります。たとえば、「病気やけがで仕事に来られなくなった」「急用でドタキャンされた」「無断で仕事を休んだ」「連

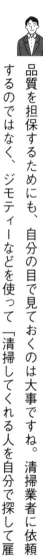

絡がとれなくなった」というような場合です。

万一清掃が終わってなくて、次のゲストが来てしまったら、キャンセル、全額返金ということになりかねないですね。信頼できる人にお願いするとか、バックアップ体制をつくっておくとか、作業の連絡ルールなどを考える必要がありますね。

そうですね。清掃業者がマネジメントしてくれている部分を自分が担うことでコストを削減するというイメージですね。
自分ができるときは自分で清掃し、大がかりな掃除をするときには清掃業者を使うなど、人の力もうまく使って運営していきましょう。

POINT

自分でできるときは自分で清掃する以外に、清掃してくれる人を自分で雇おう！

賃貸でも売却できる?! 法改正で譲渡も可能になった

民泊を運営して利益を上げるという稼ぎ方のほかに、運営している民泊を売却する「事業譲渡」という選択肢もあります。

賃貸物件による民泊でも、売却できるんですか？

「不動産の売却」ではなく「事業の売却」なので、賃貸物件による民泊でも売却できるんですよ。
たとえば、旅館業の許可をとって営業していた民泊の場合、これまでは別の事業者に事業を譲渡する場合、譲渡する側が廃業届を出したのち、譲り受ける側が新たに旅館業の営業許可を取得する必要がありました。
2023年の旅館業法の改正で手続きが緩和され、事業を譲り受ける側は新たな許可を取得する必要がなく、あらかじめ承認手続を行うことにより、営業者の地位を承継することができるようになったんです。

つまり、**旅館業の許可を得て営業していた民泊を事業譲渡で買い取った場合、改めて許可を取り直す必要がないため、買い手側はすぐに営業できるというメリットがある**のです。譲渡する側にとっては、有利な条件で売却できるメリットがあります。

旅館業の許可を取るのは、手続きも難しくて時間もかかるから、許可を取り直さなくてもいいのはありがたいですね。特区民泊や民泊新法にのっとった民泊の場合はどうですか？

その場合は、譲り受ける側が一から申請をする必要があります。ただし、消防設備など必要な設備は整っているので、新規で物件を借りて立ち上げる場合と比べて楽です。

売却額はどれくらいですか？

売却額は、月の利益の2～3年分くらいが相場です。月10万円の利益がある物件なら、売却額は３００～４００万円といったところです。

ということは、初期投資を回収したあと事業を売却し、それを元手に立地や広さなどの条件がより良い物件で新しく民泊を始めることも可能ですね。逆に、利益がなかなか出ず、うまくいかなくて撤退するときにも売却できるのでしょうか？

それは買い手側の考え次第ですが、売却額は小さくても売れる可能性はあるかもしれません。

民泊の物件を探している人にとって、いい物件は競争が激しくて、なかなか簡単には見つからないので、事業譲渡で物件を手に入れるという選択肢もありますね。

自分で一から物件を探して立ち上げるのと比べて、初期費用は割高になるけれど、許認可も得ていて利益もあげている物件を手に入れられるというメリットがあります。ただ、ひとつ気をつけておきたいのは、「なぜ事業を譲渡したいと考えているのか」をしっかり確認しておくことです。「今は利益が出ていても、何らか

のリスクがあって、早目に手放そうとしている」といったケースが考えられるからです。事業譲渡で物件を購入する場合にも、目先のメリットにとらわれず、事前に自分でシミュレーションをするのはもちろん、その物件がどのような条件で借りられているものなのか等、関連する情報を確認しておきましょう。

また、意外と忘れがちなのが「Airbnb」などのサイトの情報更新です。前の事業者がリスティングを削除せずに残したままで誤って予約が入ってしまうと、ダブルブッキングが起きてしまいます。

実際、僕が運営に携わったお客様の話ですが、まだ準備中でオープン前なのに、部屋に行くと見知らぬ外国人が泊まっていたというトラブルがありました。もともとその部屋で民泊をやっていた人が、廃業する前に入っていた将来の予約をキャンセルしていなかったことが原因でした。譲渡する側も譲り受ける側も忘れずに確認しておくことをおすすめします。

POINT
1

旅館業の許可を得て営業している民泊を売却して、さらに稼ぐこともできる

予約が入らない期間があっても、継続しよう

リスティングを公開してからしばらくは順調に予約が入っていましたが、最近パタッと予約が入らなくなりました。どうしちゃったんでしょうか……？

焦らなくても大丈夫ですよ。**いつもコンスタントに予約が入り続けるときばかりではありません。**いいときもあれば、そうでないときもあります。**一喜一憂せず、もう少し長いスパンで様子を見ていきましょう。**
ただ、単価の設定が著しくおかしい値になっていないか、ひどいレビューを書かれていないか、周辺の競合物件の予約状況はどうかといった点は確認しておくといいですね。

わかりました。でも、今月このままだったら赤字になりそうです。

少しでも売上を得るために、宿泊単価を下げて予約を埋めましょう。苦しいですが、今後も外国人観光客は増える傾向にあるので、許容できる範囲で耐えましょう。

撤退するにしても、原状回復、ゴミ処理や解約違約金などの費用がかかりますもんね。

毎月赤字が続くようなら、82ページで話したように、許容できる最大損失額を決めて、続けるか辞めるかの判断をします。利益も赤字も出ず、収支がトントンなら、まずはゲストの満足度を高めることで高評価を得る努力をしましょう。
運営開始してからある程度の年数が経った後、予約が入りにくくなることもあります。原因は一概には決められませんが、資金に余裕があるなら、部屋の内装を変え、写真を撮り直して「Airbnb」に掲載するなど、てこ入れすることも考えましょう。

POINT

予約の埋まり具合に一喜一憂しない。予約が入るまで、やれることを粛々とやる

1軒目はできるだけ早く投資回収し、2軒目以降も稼ぎ続ける

民泊運営は、「物件を借りて、法令に基づいた許認可を取り、内装をととのえて、旅行者に提供し、利益を上げる」という、とてもシンプルなビジネスモデルです。
物件選びさえ間違わなければ、月10万円の利益を稼ぐことは難しいことではありません。
しかも、集客は「Airbnb」がしてくれます。ほかの多くのビジネスのように、ホームページやブログ、ＳＮＳで発信したり、広告を出したりなどの労力をかけなくても、予約は勝手に入ってきます。
運営業務は、ゲストとのメッセージのやり取り、チェックアウト後の清掃、宿泊単価の調整、たまにトラブルの対応があるくらいです。清掃も含めて運営業務を外注すれば、経費はかかるものの、自分の労力を使うことはほとんどありません。

同じやり方で、2軒運営すれば2倍、3軒なら3倍稼ぐことができます。しかも、ほとんど労力を増やさずに実現できるんですよ。

「長い時間働かなくても多く稼げる」というのはつまり、「時給じゃない働き方ができる」っていうことなんですね。

そうです。まずは1軒目の初期投資を早く回収して資金をつくり、2軒目、3軒目と増やしていきましょう。副業でも3軒くらいなら一人で対応できますよ。さらには、その先に「起業」という選択肢も見えてきます。

なんかワクワクしてきますね。

それに民泊の運営をしていると、「こういうサービスがあったらいいのに」とか「これは需要の多そうな代行業務だな」と感じることがあると思います。それを自分がサービスとして提供すれば、さらに稼ぐことができます。あるいは、レンタルスペース経営のような、民泊と類似点の多い別の事業に、民泊で培った経験やスキルを応用することもできますよ。

すごい。お金を稼ぐ人って、そうやってビジネスの種を見つけていくんですね。

結構仕事はあるものですよ。民泊も最初の物件探しに時間がかかるし、なかなか物件が見つからなくて焦ることもあるでしょう。そういうとき、「いつまでも民泊をスタートできない」と嘆くのではなく、民泊運営をしている人たちとつながりをつくって、現場にあるニーズを集めておくといいですよ。たとえば、清掃を外注したい人は多いけれど、清掃業務を行う側は人手が足りていない。それなら、週末だけ清掃業者の下で働いて、ノウハウを蓄積するという道もありますよね。そこで蓄積したノウハウは、自分が民泊運営をするときに活かせるし、そのノウハウを人に教えて自分は業務を管理する側になれば、**「時給じゃない働き方」**になります。

私も含めて、「副業や起業をしたいが、何をしたらいいかわからない」と思っている人は多いけれど、意外といろいろなことができそうだとわかりました。

民泊は物件選びが本当に重要なので、焦って利益の出ない物件を借りてしまうく

らいだったら、「いい物件に巡り合うまでの間、他にやれることがある」ということを心の片隅に置いてもらえたらと思います。

POINT

小さく始めてボリュームのビジネスに変え、時間労働から解放されよう

特別インタビュー

たか社長 × 坂口康司

『レンタルスペース投資の教科書』著者

長年レンタルスペース経営に携わりながら、民泊も運営している株式会社トータルクリエイツ代表取締役の坂口康司さん。たか社長とは民泊物件を紹介した仲でもあります。民泊経営開始から好調な売り上げをキープする坂口さんに、レンタルスペース事業で培ったスキルや経験を民泊運営にどう活かしたのか、インタビューしました。

たか社長 民泊の運営、初動から好調ですね。ご自身が持っているご経験や能力を存分に発揮されたように感じていますが、いかがですか。
坂口さん（以下、坂口） 物件の選定、インテリア、リスティングの作成から運用まで、レンタルスペースの運営と民泊の運営はとてもよく似ています。レンタルスペースは民泊よりも競合が多いレッドオーシャン。そこでしのぎを削ってきた経験が、民泊運営にも活かせたと思います。また、これまで培ってきたマーケティングや、高レビューを獲得するためのノウハウも、役に立ちました。
たか社長 具体的には、どのような工夫をされましたか。
坂口 周辺には競合する物件が多く、「立地、広さという観点から自分の物件を評価すると65点くらいかな」と思っていたので、差別化するための工夫をしました。そのために同じエリアにある競合物件を徹底的に調査して、「自分の運営する民泊には、どのようなゲストに宿泊してもらうか」を明確にしました。そのコンセプトに基づいて、民泊特化のプロに依頼して、部屋のコーディネートをしてもらいました。
たか社長 確かに、坂口さんのリスティングを見ると、そこでの宿泊体験がイメージできますよね。運営で工夫されていることはありますか。
坂口 僕にとって民泊は副業なので、労力をかけ過ぎないことですね。自動化できることは自動化し、外注できることは外注して、最小の労力で最大の利益が得られることを大事にしています。
たか社長 実際に民泊をやってみてどうですか。
坂口 少ない労力で安定的に収益を生み出せる基盤を作れたことで、心のゆとりが少し増えました。僕の場合、自分が稼働しなくても入ってくる収入があることと、来月の最低限の売上を見込めることは大きいですね。
たか社長 自分が稼働しなくても収入があると、安心感がありますね。

坂口　それにひとり社長だから、万一病気やケガをして仕事ができなくなったら、収入がなくなってしまうというリスクもあったんですよね。だから、毎月安定して収入があるのは精神衛生上いいですよね。
収入面以外でいえば、自分の実力を試せたことでしょうか。レンタルスペース経営で培ったスキルと経験を展開して、民泊では平均より収益性の高い部屋をつくることができそうだなと思いました。
たか社長　坂口さんにとって、今回の民泊立上げ、運営の経験が、またビジネスの種になりそうですね。
坂口　おかげさまで、民泊の立ち上げ、運営に関して他の方にアドバイスをする機会も増えてきました。これからは、たとえばもっと広い部屋での民泊や、東京以外のエリアでの民泊の運営もして、新たな知見と経験を積んでいきたいし、自分で培ったノウハウを色々な人に広めていきたいと思っています。

おわりに

もし給料がもらえなくなったとしても、今の仕事を続けたいと思いますか？

おそらくほとんどの方が「いいえ」と答えるのではないでしょうか。

私は民泊で起業したとき、一時的に収入がほぼゼロになったタイミングがあります。

当時は今ほど民泊に関する情報がなかったので、自分で試行錯誤しながら民泊を運営していました。会社員時代の何倍も働いているのに収入が安定せず、焦りを感じたこともありました。

それでも、今振り返ると民泊で起業して本当に良かったと思っています。

1軒の民泊でびっくりするくらい儲けたり、失敗して大きな損失を出したり、一喜一憂しながら少しずつ事業を拡大してきました。

そして、気づけば運営してきた民泊物件の累計は１３００部屋を超え、民泊を運営したい人に向けたコンサルティングも手がけています。

私は民泊を通して、経済的にゆとりを持てるようになり、自由に使える時間も手に入れることができました。

そして、民泊を通して得たものの中で一番価値があると思っているのは、「自分でお金を生む力」です。

民泊を運営していると、マーケティングや市場調査、顧客や取引先との調整や交渉、数字の管理や価格設定のノウハウ、問題解決能力、マネジメント等、様々なビジネスの要素を学ぶことができます。しかも、自分で実際に取り組むことによって、これらのスキルや知識は定着していきます。

ですから、私はこの先どんな状況に直面しても経済的に困ることはないと確信しています。仮に民泊以外の事業でも、民泊を通して得た経験やスキルを活かし、そこから収益を生み出すことができるでしょう。

また、私の民泊仲間の中には、副業で十分な収益を得ているのに会社勤めを辞めない人がいます。

その人は、いざとなったらいつでも辞められる状態になると、以前抱えていた不満や悩みがくだらないことに思えるようになり、ストレスなく楽しく仕事ができるようになったと言っています。


あなたは、今の収入や働き方に満足していますか？

人生は一度きりです。

本書がきっかけとなり、民泊で成功する方が増え、その道筋を示す一助となれば、著者としてこれ以上の喜びはありません。

皆様のご成功を心よりお祈り申し上げます。


最後に、執筆のきっかけをいただいた出版プロデューサーの松尾昭仁さん、執筆のサポートをいただいた深谷百合子さん、そして株式会社秀和システムの前川千亜理さんに心から感謝申し上げます。

そして、本書を手に取ってくださったあなたへ、心からお礼申し上げます。
最後までお読みいただき、ありがとうございました。

たかし社長こと坂本 貴洋

●参考文献・参考URL

・独立行政法人労働政策研究・研修機構「副業者の就労に関する調査」
https://www.jil.go.jp/institute/research/2024/245.html
・村山慶輔『小さな会社のインバウンド売上倍増計画―54の「やるべきこと」と「やってはいけないこと」』日本経済新聞出版、2023年
・国土交通省「令和6年版観光白書」
・日本政府観光局「国籍/月別訪日外客数（2003年～2024年）」
・観光庁「住宅宿泊事業の宿泊実績について」
・内閣府「規制改革実施計画」2024年

著者略歴

坂本　貴洋（さかもと たかひろ）

日本一民泊に詳しい不動産屋、株式会社マスジーアイ代表取締役。

大学卒業後、楽天に入社。新卒の売上全国2位として表彰される。

2017年1月、株式会社マスジーアイ設立。同年3月、民泊新法施行に合わせて、アパマングループと合弁で別会社を設立、後に丸紅の傘下に入る。上場直前にコロナ禍で壊滅的な打撃を受けて解散。

その後は自身の会社にて不動産事業に参入し、民泊と不動産の領域で事業を拡大している。民泊運営の管理部屋数は延べ1300部屋を超える。

現在は自社物件の経営だけでなく、運営代行や民泊物件のプロデュース、コンサルティング等の支援事業も行っている。自身が運営するYouTubeチャンネル「たか社長の【民泊チャンネル】」では、民泊のノウハウや情報を発信。「有料級の情報を惜しみなく提供してくれる」「わかりやすくて勉強になる」など、視聴者から好評を得ている。

YouTubeチャンネル「たか社長の【民泊チャンネル】」
https://www.youtube.com/@minpakuchannel

購入者限定特典付き！

有料級！

「民泊物件紹介LINE」に無料招待！

たか社長が直接指南！

20分間コンサルティング無料受講（毎月先着5名）

※本特典は、予告なく変更または終了する場合がございますので、あらかじめご了承ください。

注意

（1）本書は著者が独自に調査した結果を出版したものです。
（2）本書は内容について万全を期して作成いたしましたが、万一、ご不審な点や誤り、記載漏れなどお気付きの点がありましたら、出版元まで書面にてご連絡ください。
（3）本書の内容に関して運用した結果の影響については、上記(2)項にかかわらず責任を負いかねます。あらかじめご了承ください。
（4）本書の全部または一部について、出版元から文書による承諾を得ずに複製することは禁じられています。
（5）商標
本書に記載されている会社名、商品名などは一般に各社の商標または登録商標です。

なお、本文中では™および®マークは明記していません。書籍の中では通称またはその他の名称で表記していることがあります。ご了承ください。

企画協力…………ネクストサービス株式会社 松尾昭仁
ブックデザイン……河南祐介(株式会社FANTAGRAPH)
イラスト……………根津あやぼ

いちばんやさしく教《おし》える民泊《みんぱく》の始《はじ》め方《かた》

発行日　2024年 11月 25日　　第1版第1刷

著　者　坂本《さかもと》　貴洋《たかひろ》

発行者　斉藤　和邦
発行所　株式会社　秀和システム
〒135-0016
東京都江東区東陽2-4-2　新宮ビル2F
Tel 03-6264-3105（販売）Fax 03-6264-3094
印刷所　日経印刷株式会社　　Printed in Japan

ISBN978-4-7980-7318-7 C0033